Doro May

Das Leben ist schön,
von einfach war nicht die Rede

Doro May

Das Leben ist schön, von einfach war nicht die Rede

Meine besondere Tochter ist erwachsen

NEUFELD VERLAG

*Diese Veröffentlichung erscheint in Kooperation mit der
Bundesvereinigung Lebenshilfe e. V., Marburg*

Dieses Buch ist auch als E-Book erhältlich:
ISBN 978-3-86256-777-5

Die Deutsche Bibliothek verzeichnet diese Publikation in der
Deutschen Nationalbibliografie; detaillierte bibliografische
Daten sind im Internet über www.d-nb.de abrufbar

Umschlaggestaltung: spoon design, Olaf Johannson
Umschlagbild: philidor/Fotolia
Satz: Neufeld Verlag
Herstellung: CPI – Clausen & Bosse, Leck

© 2016 Neufeld Verlag Schwarzenfeld
ISBN 978-3-86256-075-2, Bestell-Nummer 590 075

Nachdruck und Vervielfältigung, auch auszugsweise,
nur mit Genehmigung des Verlags

www.neufeld-verlag.de / www.neufeld-verlag.ch

Bleiben Sie auf dem Laufenden:
newsletter.neufeld-verlag.de
www.**facebook**.com/NeufeldVerlag
www.neufeld-verlag.de/**blog**

INHALT

Prolog 7

1. Die Fakten 13
2. Das Leben ist endlich 19
3. Inklusion *oder:* Die deutsche Gründlichkeit 27
4. Meine besondere Tochter entdeckt ihre Sexualität 40
5. Willy *oder:* Authentische Gelassenheit 49
6. Urlaub und Abschied 55
7. Der Eichhof und die Frage nach der Selbstverständlichkeit *oder:* Es darf geträumt werden 64
8. Anarchismus und Zwanghaftigkeit und wie man lernt, damit umzugehen 77
9. Blumenkohlohren und Zahnärzte 84

10. Wenn die Kraft nicht reicht *oder*:
    Was geschieht mit einem behinderten Kind,
    wenn die Eltern es nicht wollen?
    Und was, wenn Eltern selbst behindert sind? 93

11. Mein Job als Betreuerin 99

12. Warum gibt es für behinderte Erwachsene
    nur Kinderkram? 106

13. Behinderte Menschen pflegen –
    Warum wählt jemand einen solchen Beruf? 110

14. Spielen, Urlauben und Feiern.. 114

15. Striptease am Kanal *oder*: Warum habe ich
    nicht gründlicher Gebärdensprache geübt? 119

16. Etwas Besseres als den Tod findest du überall
    oder: Das Leben ist schön, von einfach
    war nicht die Rede..122

17. Schattenkinder: Die große und die
    kleine-große Schwester..126

    Delfinennacht 131

Zum aktuellen Status Quo *139*

PROLOG

Es ist Samstag. Ich sitze in einem blauen Ford Transit. Links neben mir brummt Tina, meine besondere Tochter, in etwa so laut wie der Motor des funkelnagelneuen Personentransporters mit Aufschriften von der Lebenshilfe und vom Landschaftsverband Rheinland.

Rechts neben mir sitzt ein schmaler, junger Mann, der auf einem dicken, mehrfach verknoteten Unikum herumkaut, einem vormals weißen Küchentuch, das zu einem lebenswichtigen Feudel geworden ist. Ohne dieses Teil kann er keinen Schritt tun. Überhaupt ist er kaum in der Lage, eigenständig zu laufen. Es hat den Anschein, als halte er sich mit Händen und Zähnen an dem schmuddeligen Teil fest.

Hinter mir haben Holger und Jürgen Platz genommen. Sie unterhalten sich mit einfachen Einzelgebärden mit Andreas, dem Mann auf dem Beifahrersitz – also über meinen Kopf hinweg. Ab und an stoßen sie Laute aus. Nicht unangenehm, aber eben auch nicht leise. Manchmal lachen sie plötzlich los, für mich völlig unvermittelt.

Den Höhepunkt dieser ungewöhnlichen Fuhre bildet Jan, der Anfang 30 ist. Seit mehreren Jahren arbeitet er als

Betreuer, ist im Umgang mit diesen besonderen Menschen äußerst geduldig und sieht richtig gut aus. Jan ist taubstumm, würde also jegliche Hupe eines anderen Autos schlichtweg nicht wahrnehmen. Auch keine Feuerwehr oder ein anderes Fahrzeug mit Martinshorn.

Jan ist der Fahrer.

Wo bin ich hier hineingeraten?

In eine Wohngruppe, die einen Ausflug ins Freilichtmuseum Kommern unternimmt. Es ist Sommer und alle haben gute Laune. Ich bin die einzige an dem Ausflug Beteiligte, die nicht *anders* ist, denn ich kann hören und sprechen und habe in landläufigem Sinne keinerlei Beeinträchtigung der geistigen Art.

Aber das Kurioseste kommt noch: Ich fühle mich sauwohl.

Wenn Sie, liebe Leserinnen und Leser, das jetzt nicht verstehen, dann verstehe ich Sie. Hätte mir vor einigen Jahrzehnten jemand eine solch schräge Ausflugsgesellschaft geschildert, ich wäre nie im Leben auch nur ansatzweise auf die Idee gekommen, dass ich der Fahrgast sein könnte, der, wie der Zufall es will, genau in der Mitte sitzt. Ebenso wenig hätte ich mir träumen lassen, dass ich diesen Ausflug genießen würde.

Auf dem großen Parkplatz kommt der Platzanweiser auf unser Auto zu und fragt durch die heruntergelassene Scheibe, ob wir einen Behindertenparkplatz haben möchten. Eigentlich könnte ich antworten, aber ich bin viel zu neugierig, wie's jetzt weitergeht. Und tatsächlich: Es geht weiter. Jan zeigt ganz locker seinen Ausweis und deutet »taubstumm«. Das versteht der Platzanweiser zwar nicht, aber er kombiniert völlig richtig, dass wir ein Fall für einen der Sonderparkplätze sind. Er gestikuliert und Jan versteht, wo er langfahren soll. Ehrlich gesagt habe ich den Eindruck, dass Jan nicht zum ersten Mal hier ist, so relaxt, wie er mit der Situation umgeht.

An dem uns zugewiesenen Platz steigen wir aus. Jan unterstützt den Jungen mit dem Feudel und wir bewegen uns in Richtung Kasse, wo einige bereits ihre Behindertenausweise zücken und ihre Geldbörsen geöffnet hinhalten. Da ich als Tinas offizielle Begleitung ohnehin freien Eintritt habe, wir Tinas Behindertenausweis aber vergessen haben, sage ich vorsichtshalber weiterhin nichts. Die Kassiererin palavert über ihre Vermutungen, was die Mitglieder dieses schrägen Ausflugstrüppchens zu zahlen haben. In Anbetracht des sprachlosen Lächelns aller fröhlich Beteiligten gestikuliert sie wild herum, berät sich mit Kassiererin Nummer zwei, wer von dieser Gruppe was zu zahlen hat und wie das eigentlich bisher gelaufen sei, wenn *so welche rein wollen*. Nummer Zwei zuckt mit den Schultern. Das macht sie ziemlich oft und es wird hinter uns allmählich unruhig, denn andere würden auch noch gerne ins Freilichtmuseum. Vor allem haben die quengelnden Kleinkinder keine Lust auf diese Warterei.

Nummer Eins wirkt inzwischen ein wenig hektisch, Nummer Zwei begibt sich zu einer verschlossenen Türe und kehrt mit einem Mann zurück. Nun palavert der Mann, der es also richten soll, sagt, »da gibt's doch ganz klare Bestimmungen – äh, das müsste doch hier irgendwo stehen«, schaut sich hilfesuchend um und fragt Jan, ob er nicht wüsste, wer und wieviel und ob nicht vielleicht ein Gruppenpreis, oder wie haben Sie das bisher…?

Die Gruppe lächelt, ich lächle, Jan lächelt und schüttelt immer mal wieder den Kopf zum Zeichen, dass er den Mann leider nicht verstehe (was ich ihm nicht so ganz abnehme, denn er kann durchaus von den Lippen ablesen). Die drei

Personen vertrauen sich gegenseitig ihre Ratlosigkeit an und winken uns allesamt durch.

Wie gesagt: Es ist Samstagnachmittag, Kaiserwetter und die Schlange hinter uns mittlerweile gigantisch gewachsen. Die Leute treten von einem Bein aufs andere – das vor uns sind Behinderte, da darf man nicht meckern, steht ihnen auf der Stirn geschrieben. Ihre Gesichtszüge entspannen sich deutlich, als wir endlich den Kassenraum verlassen.

Diese überaus schräge Szene hat was. Die ganze Zeit über bin ich bemüht, nicht zu grinsen. Ich weiß – ist nicht die feine englische Art...

Wir, die sechs Bewohner des Wohnheims, in dem auch meine Tochter lebt, Jan und ich schieben uns also hinein ins Freilichtvergnügen. Nach 50 Metern die ersten gänzlich nicht musealen Fressbuden. Freudig lachend kaufen Holger, Jürgen und Andreas erst mal Currywurst mit Pommes rot-weiß. Damit Tina ihnen nichts von der Pappe klaut, besorge ich ebenfalls Currywurst und dazu eine Limo. Wie praktisch, dass es hier alles in und auf Pappe gibt. Nichts kann kaputt gehen. Tina – der Tag gehört uns! Und damit letztlich alle was haben, stellt sich Jan nun auch an, so dass wir nach 50 Metern Weg und einer Mahlzeit in rot-weiß die nächsten 20 Meter schaffen.

Da gibt's Eis...

In meinem früheren Leben hätte ich mir verboten, gleich zu Anfang, sozusagen ohne jede Vorleistung, loszufuttern, als gäbe es nach dem Spaziergang nichts mehr. Vor allem habe ich gelernt: Eis gibt's quasi zur Belohnung erst nach einer Anstrengung – und sei diese noch so klein. Tina und Co.

sehen das völlig anders. Da steht die Bretterbude mit Sachen, die zum Essen da sind. Also sind wir hier richtig.
  Völlig richtig!
  Wozu steht sie sonst da? Wer hat, der hat – und eine Runde drehen kann man ja immer noch.

Genauso wenig hätte ich mir vorstellen können, mit derselben sprachlosen Truppe in einem sehr netten Eiscafé zu sitzen, stumm, weil niemand spricht oder mich hören könnte, wenn ich etwas sagen wollte. Ganz im Ernst: Ich sitze also mit Tinas Wohngruppe – diesmal sieben Personen – und diesem sprach- und gehörlosen, sehr netten und ausgesprochen gut aussehenden jungen Betreuer im Eiscafé und muss nichts sagen; muss nur meinen Kaffee trinken, mir ein gepflegtes Eis aussuchen und das Gefühl genießen, dass ich nicht alleine unterwegs bin, aber auch keiner etwas von mir will. In unserer lauten und vollgequatschten Welt die reinste Idylle. Und das meine ich völlig ernst.

  Tinas Mitbewohner ahnen, dass ich in Sachen Gebärden – auch wenn es sich nur um Gebärden des Grundwortschatzes handelt – bei aller Mühe, die ich mir gebe, eine ziemliche Niete bin, sobald es ins Detail geht, stoßen sie mich nur höchst selten an, um mir mittels Gebärden etwas mitzuteilen; zum Beispiel die Frage, für welches Eis ich mich entschieden habe. Recht haben sie. Weil ich in meinem Alltag ohne Tina keine Gebärden benötige, bin ich grottenschlecht in dieser überaus faszinierenden Sprache. Das ist mir gehörig peinlich, zumal ich bereits zwei Kurse in Grundgebärden absolviert habe. Klar, die Gebärde für Eis habe ich drauf. War jahrelang Tinas Lieblingsspeise. Aber die Bezeichnung für Vanilleeis mit Himbeeren und Sahne, die ich gerade in diesem Moment brauchte, habe ich dann natürlich nicht drauf. Mist! Denn eigentlich würde ich gerne mit kommunizieren. Ich finde es besonders – selbst in der einfachen Art. Also ohne bestimmte oder unbestimmte Artikel, weder dekliniert noch konjugiert oder was man mithilfe der deutschen Grammatik noch so alles mit Wörtern anstellen kann. Nur die wesentlichen Worte werden wie Gedankeninseln mittels anschaulicher und naheliegender Handzeichen aneinandergereiht. Da dürfte dann auch jeder Normalo mitbekommen: Seht her, ich kann es auch.

Leider Fehlanzeige. Da kann ich noch so oft das große teure, blaue Buch aufschlagen: Grundgebärden. Wenn man nicht tagtäglich auf diese Weise miteinander umgeht, prägen sich nur die 08/15-Wörter ein. Wie ich Tinas Betreuerinnen und Betreuer bewundere, wenn sie meiner Tochter etwas mitteilen, das über essen, trinken, an- und ausziehen hinausgeht. Wie überaus konzentriert meine Tochter auf ihre Hände schaut ...

Wie ich es seit ihrem Auszug von Zuhause bis hierher geschafft habe?

Eine Geschichte, die sich zu erzählen lohnt. Ende offen ...

1

DIE FAKTEN

Meine besondere Tochter heißt Tina, sieht aus wie 14, ist aber mittlerweile 27 Jahre alt. Sie lebt in einem Wohnheim für gehör- und wahrnehmungsgestörte Menschen. Im Klartext heißt das, die Bewohner – es sind acht – haben eine geistige Behinderung. Zum Beispiel haben sie ausgeprägte autistische Züge, sind manisch-depressiv oder von irgendeiner anderen Behinderung betroffen, die mit Nichthören-können einhergeht beziehungsweise mit dem Phänomen, dass das Gehörte nicht ins Bewusstsein dringt. Das nennt man in Fachkreisen *Wahrnehmungsstörung*.

Okay, darunter leidet so mancher Normalo auch, höre ich Sie sagen.

Stimmt!

Aber es gibt einen entscheidenden Unterschied zu uns, die wir ebenfalls gelegentlich nicht durchschalten, wenn uns jemand etwas mitteilt. Den Menschen, um die es hier geht, ist gemeinsam, dass sie mit gesprochener Sprache nichts verbinden. Sie begreifen kaum oder auch gar nicht, was wir ihnen durch Worte mitteilen möchten – selbst dann nicht, wenn sie die Worte hören können. Ihre Wahrnehmung von Sprache funktioniert ganz einfach nicht. Deshalb sagt man, dass sie keine Sprache haben – Sprache im landläufigen Sinn, denn auch sie können sich unterhalten: Mit einfachen, meist sehr eingängigen Gebärden für zentrale Hauptwörter wie Auto, Haus, Flugzeug usw., Verben wie essen, trinken, an- und ausziehen und Adjektive wie super (Daumen hoch!), lecker (Bauch reiben) und dergleichen drücken sich meine Mitfahrer (siehe oben) problemlos aus.

Es sind keine besonders komplexen Schilderungen – die Menschen, um die es hier geht, sind in ihrer Denkfähigkeit anders und haben weder das Vermögen noch den Drang, komplizierte Dinge zu diskutieren. Sie erleben vielleicht gar nicht so kompliziert wie der normale Stadtneurotiker – jedenfalls, wenn es nach Woody Allen ginge. Doch sind die meisten dazu in der Lage, sich über alltägliche Erlebnisse und Vorhaben zu unterhalten, ihre Wünsche, ihren Willen beziehungsweise Unwillen kundzutun, zu schimpfen oder ihre Launen an jemandem auszulassen. Tina ist Meisterin im Ausdrücken, dass sie etwas nicht will. Nämlich absolut gar nicht! Da gibt es keinerlei Missverständnisse.

Die Gebärden sind höchst anschaulich und auch als Laie kann man sich das Standardrepertoire rasch aneignen. Nur bei den Feinheiten hapert es schnell: Eis – kein Problem. Man hält ein imaginäres Eishörnchen vor den Mund und schleckt an der Eiskugel. Aber bei der Bestellung von Vanilleeis mit heißen Himbeeren und Sahne stößt man schnell an seine Grenzen und zeigt lieber gleich auf die entsprechende Stelle in der Eiskarte, um den anderen zu bedeuten, was man sich nun bestellen wird.

Meine Tochter hat das Down-Syndrom, das in etwa fünf Prozent der Fälle einen Autismus, mal mehr, mal weniger ausgeprägt, als Zugabe parat hat. Das wissen nur wenige; mir war es zum Beispiel völlig unbekannt, obwohl ich gleich nach der Diagnose jede Menge Fachbücher gewälzt habe. Es ist eine harte Diagnose, die verkraftet werden will. Schlimm genug, wenn man anerkennen muss, dass das eigene Kind geistig behindert ist. Dass man wie bei sechs Richtigen im Lotto dann auch noch die Zusatzzahl gezogen hat, ist mehr als heftig. Denn diese im Grunde genommen mehrfach behinderten Menschen können sich im Extremfall kaum mitteilen, und das tut den Eltern weh, wenn sie erleben, wie das Gesicht ihres Kindes immer leerer, immer ausdrucksloser wird, weil sich das Leben kaum in ihm abbilden kann. Auch sind sie auf sehr fest gezurrte Abläufe im Alltag angewiesen, damit sie die Orientierung behalten. Das geht soweit, dass man unter Umständen einen gewohnten Weg nicht verlassen kann.

Ganz wörtlich: Ist man auf dem Hinweg eine bestimmte Straße entlanggegangen, tut man gut daran, dieselbe Straße auch für den Rückweg einzukalkulieren. Am besten sogar dieselbe Seite des Bürgersteigs. Sonst kann es nämlich passieren, dass Leute wie Tina plötzlich eigenständig losrennen, um den für sie bekannten Weg zu verfolgen, also rasch und unvermittelt über die Fahrbahn zu rennen. Oder sie setzen sich schlichtweg an Ort und Stelle hin – und sei es mitten auf die Straße oder in eine Pfütze ...

Wie gesagt: Aktiver Protest war noch nie Tinas Problem.

Tina hat zwar nicht das Vollbild eines Autisten, aber ausgeprägte autistische Züge. Menschen wie Tina sind dazu verdammt, vieles, manche auch alles mit sich alleine auszumachen: in einem Winkel in ihrem Innersten, der so fest verschlossen ist, dass denjenigen, die alles für sie tun und sein wollen, allzu oft nur die Rolle des ohnmächtigen Zuschauers zukommt.

Es bleibt keine andere Chance für die betroffenen Eltern, als sich aus dem tiefen Loch, das einem der Kummer gegraben hat, herauszubaggern, Hilfen anzunehmen und dem Schicksal eins auszuwischen, indem man das Leben in seiner Schräglage akzeptieren lernt. Es hat eben nicht anders sollen sein, und damit basta!

Ein langer Weg bis dahin, den ich in dem Band *Meine besondere Tochter – Liebe zu einem Kind mit Behinderung* (Sankt Ulrich Verlag, Augsburg 2010) versucht habe zu beschreiben. Die Arbeit an jenem Buch liegt mehr als zehn Jahre zurück. Als ich begonnen hatte, war alles noch so neu: Vier Jahre lang habe ich an dem Manuskript gesessen, habe damals noch per Hand geschrieben, durchgestrichen, verworfen, neu begonnen. Und das alles aus eigenwilliger Perspektive – in der seltenen *Du-Form*, als würde ich einen Brief an mich selbst schreiben. Einfach paradox! Ich wollte über meine Tochter und mich berichten, aber selbst eigentlich nicht so richtig vorkommen.

Zum Glück geriet das Manuskript durch Zufall an eine Journalistin, die es einem Literaturagenten zeigte… *Zufall* ist manchmal etwas, das einem zufällt. Und so traf Tinas und meine Geschichte auf einen Lektor, der rigoros auf der einzig vernünftigen Erzählperspektive bestand: auf der *Ich-Perspektive*! So einfach wie logisch. Aber das musste ich erst einmal kapieren, denn eigentlich war das Buch ja ursprünglich für mich.

Ich habe mir mein Leben mit Tina von der Seele geschrieben. Nein. Ich habe es mir *in* die Seele geschrieben, denn durch das Hinschreiben wurde mir bewusst, wie gut mir Tina gefällt und wie sehr sie ein Teil von mir ist. Was ging es andere Menschen an, wie ich mich fühlte und was für ein Kind ich hatte? Damals nannte ich meine Tochter im Manuskript tatsächlich *Mein Anderes Kind*. Aus heutiger Sicht ganz und gar unpassend, denn in erster Linie ist sie Tina – ein höchst individuelles Menschenkind, das es nicht nötig hat, sich ausschließlich über ihr Anderssein definieren zu lassen.

By the way: Wegen Tina bin ich Schriftstellerin geworden. Da man unsere Tochter besser niemals alleine in einem Zimmer lässt, man aber nicht ununterbrochen Lust hat auf Action, bis der Arzt kommt, beschäftigt man sich zwangsläufig irgendwann selbst. Dies hat sich bei mir zur Initialzündung gemausert, bedenkt man, dass ich bereits als Kind Bücher fabuliert habe.

Mein Kopf war immer schon voller Geschichten. Nun hat mich Tina dahin geschubst, wo ich hingehöre – und in meinem Innersten immer schon hinwollte – nämlich zur schreibenden Zunft. Allen Ernstes: Im Januar habe ich meinen Job als Oberstudienrätin an einem altehrwürdigen Gymnasium gekündigt, weil ich mich beruflich nur noch damit befassen möchte, was ganz offenbar meine Bestimmung ist.

Danke, Tina!

Nun ist Tina eine erwachsene Frau – jedenfalls an Jahren und natürlich auch vor dem Gesetz. Ich bin nicht nur ihre leibliche Mutter, sondern in juristischem Sinn ihre Betreuerin und in vielfältiger Hinsicht nah dran am Leben meiner besonderen Tochter. Eine große Verantwortung – ohne Frage. Aber zugleich eine Aufgabe, die ich nicht missen möchte, zumal ich gelernt habe, Verantwortung abzugeben, denn es gibt hervorragend ausgebildete Betreuerinnen und Betreuer. Es ist gar nicht hoch genug einzuschätzen, was Eltern in den sechziger Jahren, also deutlich vor meiner Zeit als Tinas Mutter, mit der Lebenshilfe ins Leben gerufen haben. Sie betrifft bei weitem nicht nur die besonderen Mitmenschen, sondern uns – die Eltern. Wenn man es recht bedenkt, sind nämlich wir Eltern diejenigen, denen geholfen werden muss – vor allem, wenn wir noch am Anfang unserer *Karriere* derjenigen stehen, die ein behindertes Kind bekommen haben.

Schon hier sei angemerkt, dass mein Leben bereits seit längerem in ziemlich geregelten Bahnen abläuft, weil Tina dort leben darf, wo sie nun lebt: in einem Wohnheim des Landschaftsverbands Rheinland. Mit Hilfe unserer Steuern ist er Kostenträger und nimmt mir die finanzielle Seite weitestgehend ab. Und so wird auch dafür sorgt, dass mein Kind auf seine spezielle Weise ein eigenständiges Leben führen kann und sorglos alt werden darf – auch dann, wenn es mich eines Tages nicht mehr gibt.

2

DAS LEBEN IST ENDLICH

Sicherlich gibt es viele betroffene Mütter und/oder Väter, die sich wünschen, erst einen Tag *nach* ihrem besonderen Kind sterben zu dürfen. Am liebsten sogar gleichzeitig mit ihm!

Das war jahrelang auch meine Wunschvorstellung.

Es ist nicht so, dass ich mir konkret ausgemalt hätte, *wie* wir zusammen zu Tode kommen. Ich habe also kein Unfallszenario vor meinem inneren Auge abspulen lassen, obwohl in Anbetracht der Tatsache, dass das Leben lebensgefährlich sein kann, genügend Stoff dazu abrufbar sein dürfte. Es ist vielmehr das Ergebnis, das sich vor meinem inneren Auge abspielt: Unser beider Leben geht zu Ende. Dabei ist es nicht gleichgültig, auf welche Weise, denn natürlich hätte ich gerne einen sanften und weisen Tod. Wir fassen uns an den Händen und gehen gemeinsam den für uns angelegten Weg. Wir erleben einen angenehmen Wechsel; man macht uns den Abschied leicht und wir werden gemeinsam im Drüben empfangen. Unsere Hände lassen sich die ganze Zeit nicht los – erst, wenn wir dort sind, am Ziel angelangt, dann kann ich Tina getrost loslassen. Sie braucht mich nun nicht mehr.

Eine Vorstellung, die beruhigt, sogar glücklich macht. Aber eben nur ein Wunschtraum.

Jetzt weiß ich, dass Tina in fortgeschrittenem Alter in die Seniorenwohnung einzieht. Sie ist gleich neben ihrer jetzigen Wohngruppe und also unter demselben Dach. Tina muss sich nicht großartig umgewöhnen. Die alten Leute von nebenan sind für sie keine Unbekannten. Die jahreszeitlichen Feste wie Sankt Martin, Nikolaus, Weihnachten, Ostern, die Frühlingsfeier oder das Sommerfest werden mit allen gemeinsam begangen. Kann auch sein, dass Tina eines Tages in ein Wohnheim zieht, das nicht so weit weg ist von unserem Zuhause und dem ihrer großen Schwester. In dem Fall wäre es schön, wenn sie mit ihren Mitbewohnern zusammen alt werden könnte, ohne noch einmal umziehen zu müssen.

Das ist nicht selbstverständlich, weil es lange Zeit durchaus üblich war, dass die Bewohner, wenn sie ins offizielle Rentenalter kommen, den Wohnort wechseln müssen, um in eine Art Pflegewohnheim für behinderte Rentner zu ziehen. Keine angenehme Vorstellung für die alternden Eltern, weil sie nicht in Ruhe sterben können mit der Frage, was eines Tages aus ihren Kindern wird. Die eigene Phantasie spielt einem da so manchen Streich und man sieht sein armes, verlassenes Kind, mittlerweile selbst schon in fortgeschrittenem Alter, alleine in der Stadt umherirren und nach Fixpunkten suchen, die es vielleicht irgendwo schon einmal gesehen hat und denen es eine Bedeutung zuordnen kann. Es ist also für uns Eltern eine sehr grundlegende Frage, wie und wo die von Behinderung betroffenen Menschen im Alter leben werden und ob sie sich in einer neuen Umgebung mit bis dahin unbekannten Betreuern und Pflegern eingewöhnen können. Hier wäre mehr Planungssicherheit für uns Eltern wünschenswert, weil man gerne alles geregelt hätte, bevor das eigene Leben zu Ende geht. Zum Glück haben die Elternräte in der Lebenshilfe dieses Thema wiederholt aufgegriffen, so dass die Bewohner inzwischen immer häufiger bis zu ihrem Tod in ihren Einrichtungen bleiben können.

Eine andere Variante wurde mir erst neulich zugetragen. Auch diese Begebenheit ist wie so viele Geschichten im Zusammenhang mit den von Behinderung Betroffenen ungewöhnlich bis makaber: Manchen Eltern fällt es schwer, ihre besonderen Kinder loszulassen, auch wenn diese längst dem Jugendalter entwachsen sind. Wenn der Lebenspartner eines Tages verstorben ist, kann es sehr schön sein, das Dasein als Witwe oder Witwer mit dem geistig behinderten Sohn oder mit der besonderen Tochter zu teilen, denn *Zusammen ist man weniger allein*, wie es der Titel eines anrührenden französischen Spielfilms so schön auf den Punkt bringt. So kann es passieren, dass eines Tages ein 60-Jähriger ausgehungert neben seiner toten Mutter hockt und die Welt nicht mehr versteht. Er ist in einem erbarmungswürdigen Zustand, denn schon seit 24 Stunden hat ihn niemand an den Toilettengang erinnert, unter die Dusche gestellt und frisch eingekleidet. Und warum er entgegen sonstiger Gewohnheit absolut nichts zu essen und, weitaus schlimmer, nichts zu trinken bekommt, bleibt ihm völlig unbegreiflich.

So geschehen zu Jahresbeginn – und wie mir der Mann von der Koordinationsstelle der Lebenshilfe aus meinem Wohnort berichtete, sei dieses Szenarium leider gar nicht so einmalig. Nun muss der verstörte 60-Jährige unmittelbar in ein Wohnheim der Lebenshilfe einquartiert werden. Eine absolute Notlage, zu der es keine Alternative gibt. Auch wenn der Mann nicht in die Gruppe passt, wo man für ihn auf die

Schnelle notdürftig einen Platz einrichtet – zu Hause kann er nicht bleiben, denn sein bisheriges Zuhause gibt es ab sofort nicht mehr. Die Wohnung, in der er mit seiner Mutter oder dem Vater gelebt hat, wird aufgelöst, die Geschwister, falls welche vorhanden sind, haben Lebensentwürfe, in die sie ihn nicht einbeziehen können oder wollen. Schon gar nicht von jetzt auf gleich.

Erstaunlich, dass sich das etliche Eltern nicht bewusst machen beziehungsweise ihren eigenen Tod konsequent verdrängen. Ihrem längst erwachsenen Kind tun sie damit keinen Gefallen. Man muss ehrlicherweise daraus schließen, dass hier ein gewisser Egoismus zugrunde liegt: Der auf die Betreuung angewiesene Mensch füllt die Lücke der Einsamkeit. Ein hartes Wort – aber der oben geschilderte Ablauf rechtfertigt zumindest im Ansatz diesen Schluss.

Ich kenne Eltern, die dermaßen eng mit ihrem ebenfalls bald im Rentenalter befindlichen Kind verbunden sind, dass die Katastrophe vorprogrammiert ist. Sie haben keinerlei Vorkehrungen getroffen: Weder nimmt der Sohn an Aktivitäten von Gruppen zum Beispiel der Lebenshilfe oder der Caritas teil, noch fährt er mit anderen besonderen Menschen zusammen in Urlaub. Dabei gibt es gerade auf diesem Sektor viele Angebote, die nach Alter, Selbstständigkeitsgrad und Interessen gestaffelt sind. Genau genommen verhindern solche Eltern, dass ihr Sohn/ihre Tochter ein gewisses Maß an Flexibilität entwickeln kann. Ein nicht wieder gut zu machendes Versäumnis – vor allem, wenn ein behinderter Mensch auf sehr feste Abläufe angewiesen ist, wie zum Beispiel Tina. Wenn wir sie niemals mit einer Gruppe hätten reisen lassen, ihr nicht ein Leben in einem Wohnheim zugemutet hätten, wäre sie aufgrund ihres Autismus weitestgehend unbeweglich und fiele bereits jetzt unter das Motto: *Einen alten Baum ver-*

pflanzt man nicht. Man darf nicht vergessen, dass es vielen Menschen mit Behinderung wie beispielsweise meiner Tochter schon schwer fällt, ein fremdes Haus überhaupt zu betreten…

Ein anderer Aspekt mit denselben möglichen Folgen liegt darin begründet, dass der Betreuer unter Umständen auf das Pflegegeld angewiesen ist. Jahrelang hat er den Angehörigen gepflegt, auf dem freien Arbeitsmarkt keinen Beruf ausgeübt, könnte wahrscheinlich auch nicht in den Beruf zurück, da das ohne Weiterbildung schwierig sein dürfte. Wie leicht hat man den Anschluss an den Stand der Technik verloren! Er hat sich in dem seit vielen Jahren gelebten Status Quo endgültig eingerichtet. Eine für den zu Betreuenden fatale Perspektive ist auch hier vorprogrammiert: Dank der guten medizinischen Versorgung in unserem Land haben die meisten der besonderen Mitbürger die Option auf ein normales Alter. Und dann kann es unter den geschilderten Umständen zu einer wie oben beschrieben abrupten und schmerzhaften Umstellung kommen, die ganz einfach dem Sachzwang unterliegt. Der plötzlich alleinstehende, behinderte Mitbürger ist auf sofortige Fremdunterbringung und Versorgung angewiesen mit allem, was dazugehört. Neue Umgebung, Personen, die er nie zuvor gesehen hat, die räumliche Umorientierung, veränderte Rituale im Einnehmen von Mahlzeiten und bezüglich der Schlafgewohnheiten, um nur wenige Dinge aufzuzählen, die auch für uns Normalos einiges an Flexibilität erfordern, denkt man sich zum Beispiel einmal in einen Krankenhausaufenthalt hinein. Wieviel schwerer muss ein solch abrupter Bruch in der Biografie für besondere Menschen wiegen, denen sich für so manches keine einleuchtende Erklärung erschließt?

Eltern müssen unter diesem Aspekt dringend durch frühzeitige Information aufgeklärt und sogar gewarnt werden, denn auch für das Personal einer Einrichtung ist eine solche Situation nicht zumutbar.

Anfang des Jahres gefiel es dem Tod in unserer Straße. Jedenfalls deutete alles darauf hin, als vier liebe, langjährige Nachbarn innerhalb weniger Monate abberufen wurden. Alle hatten die Diagnose Krebs. Drei von ihnen haben die medizinischen Angebote angenommen und damit den Kampf gegen die Krankheit angetreten. Ein Mann hat die lebensverlängernden Maßnahmen abgelehnt. Er wollte den qualvollen Krankheitsverlauf nicht durch eine Therapie in die Länge ziehen. Er war bereit zu sterben. Nachdem alle beerdigt waren und wir im Nachbarkreis über den Kummer der nächsten Angehörigen und ihren Umgang mit dem Verlust diskutiert hatten, fragte ich abends beiläufig meinen Mann, was für ihn das Schlimmste sei, wenn ich stürbe. Er musste nicht lange überlegen. »Am schlimmsten wäre es für mich, wie ich es Tina beibringe, dass du nicht mehr da bist.«

Ich verstand vollkommen – bei allem Kummer und eigenem Verlustempfinden würde es mir genauso gehen, wenn er stürbe.

Wie bringt man jemandem den Tod seiner allernächsten Bezugsperson bei, wenn es keine Erklärung gibt, die er begreifen kann? Nun ist der Tod ja an sich schon etwas Unbegreifliches – jedenfalls, wenn man so unmittelbar mit ihm konfrontiert wird. Wieviel schwerer muss es für einen besonderen Menschen wie Tina sein, zu begreifen, dass ich nicht mehr kommen kann?

Auf einer Fortbildung in Marburg für Eltern besonderer Kinder war eine Familie, deren Sohn das Down-Syndrom hatte und dessen engste Bezugsperson der Großvater war. Wie gewohnt, ging der Junge eines Tages nach nebenan, um den Großvater zu sehen, mit ihm einkaufen zu gehen, zu spielen – eben all die Unternehmungen mit seinem Opa anzupacken, die er gewohnt war. Doch nun war der Großvater gestorben. Es mag ein wenig schauerlich klingen, aber die Eltern haben folgendermaßen gehandelt: Der Junge durfte den toten Opa in die Leichenhalle begleiten. Er durfte ihn anfassen, damit er spürte, dass sich der alte Mann kalt anfühlte und dass er ihn noch so feste anstoßen konnte, er aber nicht aufwachte. Der Junge stand auch daneben, als man seinen Großvater in den Sarg legte, den Deckel darauf befestigte, indem man ihn annagelte. Er durfte sogar selbst mit Hilfe einen Nagel einschlagen. Natürlich erlebte der Junge zwei Tage später mit, wie der Sarg zuerst in der Kirche stand, wo man sang und betete, und wie der Sarg mit dem Opa drin in die Erde gelassen wurde. Sein geliebter Opa war nun unter der Erde – ganz wörtlich – und der Junge hatte den gesamten Vorgang begleitet. Es war für ihn die einzige Möglichkeit, den Großvater so zu verabschieden, dass er es begreifen konnte. Nun musste er lernen, sich auf andere Mitmenschen zu konzentrieren – mit jemand anderem einkaufen zu gehen und zu spielen. Nach einiger Zeit hat er sich umgewöhnt.

Man liest immer mal wieder, dass der Tod früher weniger tabuisiert worden sei. Dass der Sterbende von seiner Familie bis zum Schluss begleitet wurde, was auch häufig Stoff der Literatur ist. So wird in Thomas Manns berühmten Roman *Die Buddenbrooks* fast ausschließlich zu Hause gestorben.

Für besondere Menschen wie den oben beschriebenen Jungen gibt es im Grunde keine Alternative, um ihnen den Tod anschaulich zu machen.

Vielleicht ein Tipp für jedermann? Denn der Tod gehört nun einmal zum Leben dazu. Längst haben wir aber alles getan, um ihn aus unserer Nähe zu verbannen...

Meine besondere Tochter lehrt mich, dass das eine Dummheit ist.

3

INKLUSION

oder:
Die deutsche Gründlichkeit

Tina ist dem Schulalter entwachsen. Trotzdem soll das Thema hier einen vergleichsweise breiten Raum einnehmen, weil ich als erfahrene Mutter eines anderen Kindes vielfältige Einblicke in diese sehr aktuelle und heiß diskutierte Materie gewinnen konnte und weil auf der Hand liegt, dass die Inklusion Auswirkungen auf kommende Biografien haben wird – sowohl der besonderen Mitmenschen selbst als auch die ihrer Eltern. Ich habe festgestellt, dass letztere Gefahr laufen, aufgrund ihres innigen Wunsches nach Inklusion den – realistisch betrachtet: eng gesteckten – Rahmen des Machbaren und Sinnvollen nicht wahrhaben zu wollen.

Jessica geht in die achte Klasse – ach nein: sie fährt in die achte Klasse, denn Jessica sitzt im Rollstuhl. Jeden Tag wird sie von ihrer Mutter oder einem Taxi zur Schule gebracht und anschließend wieder abgeholt. Sie hat Glasknochen, ist also wörtlich genommen sehr zerbrechlich, dazu klein und schmal und unglaublich forsch, um nicht zu sagen: frech.

Jessica geht – schon wieder vertan: fährt aufs Gymnasium, und an der Tatsache, dass ich andauernd ihre für meine Schule ungewöhnliche Fortbewegung vergesse, können Sie ablesen, dass das Mädchen integriert ist. »Inkludiert« heißt das heutzutage – aber ich möchte für Jessica den anderen Ausdruck gebrauchen, weil ihr Aufenthalt in meiner Klasse einzigartig war – zu einer Zeit, als sich die sogenannte Inklusion noch gar nicht in den Startlöchern befand. Als Klassenlehrerin hatte ich mit ihr besondere Aufgaben – dachte ich jedenfalls, aber dem war nicht so. Die immer cool gekleidete Lady war dermaßen selbstbewusst, dass es gar nichts machte, dass sie, äußerlich unfassbar zart und klein, in einem Kinderrolli saß. Perfekt geschminkt und mit auffällig gestylten Fingernägeln machte sie was her – und die Mitschülerinnen und Mitschüler behandelten sie völlig normal. Dabei war sie bereits deutlich reifer als ihre Mitschülerinnen.

Als in der achten Jahrgangsstufe – es ist die pubertärste Phase, die Kids sind nämlich zwischen 13 und 14 Jahre alt – die Mode aufkam, anlässlich von Geburtstagen so ziemlich die ganze Klasse einzuladen, gerne mit Vollverpflegung von Seiten der geforderten Eltern und mit Übernachtung quer durch die Wohnung – war Jessica mit im Boot, äh, mit in der Wohnung, denn sie gehörte in den Kreis der »ziemlich besten Freunde«. Dort bewegte sie sich auf dem Bauch robbend völlig eigenständig. Die Mitschüler haben sich darüber amüsiert. Aber nicht hämisch oder in irgendeiner Weise fies, sondern einfach nur, weil's so ungewöhnlich und lustig aussah. Und Jessi? Die hat mitgelacht.

Schräge Sachen habe ich mit ihr erlebt. Zum Beispiel fuhr sie, wenn sie wütend war, mit Karacho ihrem Opfer ohne Vorwarnung in die Waden. Und wenn die Klasse Kunstunterricht hatte, packten zwei Jungs den Rollstuhl samt Jessica rechts und links und machten sich einen Sport daraus, so schnell wie möglich im Kunstraum anzukommen. Der liegt im Keller und der Aufzug reicht nur bis ins Parterre. Ein Alptraum, wenn sie das Mädel fallen gelassen hätten. Wie oft ich geschimpft, gedroht, gewarnt habe, weiß ich nicht mehr. Man kann als Lehrer nicht genug Augen haben. Es ist aber zum Glück nie etwas passiert – außer, dass Jessica kreischte: »Ihr lahmen Enten. Geht's nicht flotter?«

Bei Feueralarm dann das: Der den Probealarm überwachende Feuerwehrmeister hatte den Fahrstuhl abgeschaltet. Man darf ihn ja im Brandfall nicht benutzen. Kurzschlussgefahr – Sie wissen das: Man bleibt stecken und sitzt in der Falle.

Alles stürmte bei dem unangenehm lauten Tuten hinaus und stellte sich ordnungsgemäß an den für solche Fälle bestimmten Stellen außerhalb der Schule auf – und Jessi? Die saß im dritten Stock einsam und verlassen in ihrem Rolli auf dem Flur und schimpfte durchs Treppenhaus, ob man sie da oben eigentlich einfach verbrennen lassen wollte…

Im O-Ton: »Soll ich hier abfackeln, verdammt noch mal?«

Dumm gelaufen. Wir, also meine Schüler und ich, haben sie anschließend ganz doll getröstet und geschworen, dass wir sie im Ernstfall natürlich um jeden Preis mit nach unten ins Freie bugsiert hätten. Die Klasse versicherte, dass sie sich nur nicht getraut hätte, weil doch der Kommandant von der Feuerwehr so streng geguckt habe. Und in Anbetracht der die Treppe hinunter rasenden Meute sei das ja auch viel zu gefährlich. Aber im Ernstfall sei das egal – da ginge es ja ohnehin um Leben und Tod. Und da hätten sie Jessi auf alle Fälle mitgenommen.

»Und wenn ich dich untern Arm geklemmt hätte«, sagte Lukas.

Leider hatte Jessi keine Böcke auf Mathe, bekam ganz reell ihre Sechs verpasst und blieb sitzen. Und weil sie keine Lust hatte, das Schuljahr zu wiederholen, wechselte sie zur Gesamtschule, wo sie eine kleine Matheprüfung absolvierte, mit Bravour, und dort nahtlos in die Neun durfte.

Claudia ist blind. Sie hat schon diverse Operationen hinter sich und eine künstliche Linse. Immerhin kann sie hell und dunkel wahrnehmen. Auch sie ging aufs Gymnasium, und ich hatte mit ihr Deutschunterricht. Einmal in der Woche besuchte uns eine Blindenlehrerin. In einem Nebenraum des Lehrerzimmers stand die im Vergleich zu heute riesige Blindenschriftschreibmaschine. Die Fachfrau übersetzte Claudias Hausaufgaben in unsere Schrift und die Aufgaben der Klassenarbeiten in ihre. Das war aber auch schon der einzige Aufwand, der für Claudia getrieben werden musste.

Für den konkreten Unterricht im Klassenraum galten allerdings andere Regeln, seit Claudia bei uns war. Die Lehrer mussten alles laut mitsprechen, vor allem, wenn etwas an die Tafel geschrieben wurde. Und wehe, ein Kollege redete zu leise oder – noch schlimmer! – vergaß, mitzusprechen, dann brüllte die Klasse erbarmungslos laut im Chor: »Claudia sieht nix!«

Schüler können fürchterlich streng sein.

Als ich in der Pause auf dem Schulhof Aufsicht hatte, beobachtete ich Claudia beim Kästchen-Hüpfen. Eine Freundin schob sie exakt bis an die Linie, von der man losspringen musste. Vor Claudias Füßen lag ein dicker Schlüsselbund. Sie hüpfte exakt von Kästchen zu Kästchen, indem sie stets den Schlüsselbund bei ihren flach gehaltenen Hüpfern anstieß. Sie hörte, wie weit sie sprang und wie kräftig sie beim nächsten Mal, wenn sie zwei Kästchen überwinden sollte, abspringen musste.

Kinder wie Jessica und Claudia sind gut zu integrieren. Für die Klasse sind sie ein Segen, denn quasi nebenbei lernen die Schüler den Umgang mit ihnen, entwickeln besondere Rücksicht und vor allem umsichtiges Verhalten, weil sie für jemand anderen mitdenken und mitorganisieren – jedenfalls ist das meine Erfahrung (die Sache mit dem Probealarm vergessen wir besser ganz schnell). Es weckt für Lehrer und Schüler Neugier, zu erleben, wie Dinge funktionieren (können), wenn jemand ein Handicap hat. Und – allen Ernstes – es macht Spaß, damit umgehen zu lernen. Und ein bisschen stolz ist man außerdem.

Auch und vor allem für Eltern wie die von Jessica und Claudia, die ihre Kinder und natürlich auch die Lehrer in allem unterstützt haben, ist es eine tolle Anerkennung für ihren großen Einsatz. Ich habe sie als überaus aufbauende Menschen kennengelernt, denn sie haben entscheidend dazu beigetragen, dass wir Lehrer in den Umgang mit ihren besonderen Kindern hineingewachsen sind.

Fazit: Körperliche Handicaps müssen für ein gemeinsames Lernen, für freundschaftliches Miteinander kein Problem sein. Vor allem Jessica hat das bewiesen – sie ist eine toughe Person und, objektiv betrachtet, vom Schicksal recht schwer gezeichnet. Aber eben *nur* körperlich.

Nun also grundsätzliche Gedanken zu der Inklusion, zu der sich Deutschland seit 2009 verpflichtet hat, und das bei einem hochgradig leistungsdifferenzierten Bildungssystem, das in der Welt vergeblich seinesgleichen sucht. Der Widerspruch ist vorprogrammiert. Wirkliche Inklusion kann nur in einem Lernumfeld stattfinden, in dem *alle* Kinder gemeinsam unterrichtet werden, was flächendeckende Gesamtschule oder Einheitsschule bedeuten würde. Alles andere erscheint unlogisch.

Wir vergegenwärtigen uns: Wenn Menschen wie Claudia und Jessica sich in ihrer Klasse wohlfühlen, ist das für alle Beteiligten in der ersten Zeit wie eine tolle Belohnung. *Wir haben es geschafft, dass sich unsere Mitschülerin wohlfühlt. Wir können was!* Bald gehören die behinderte Schülerin oder der besondere Schüler zur Normalität, es ist also Alltag geworden. Genau das ist es, was eine funktionierende Inklusion ausmacht: Der Alltag ist eingekehrt.

Wie aber sehen die aktuellen Bemühungen zur Inklusion aus? Ist bereits ein Alltag im positiven Sinn in Sicht?

Ich habe mal herumgefragt: Zwei gute Freundinnen und meine älteste Tochter arbeiten an einer Gesamtschule, meine Nichte ist Grundschullehrerin. Alle vier unterrichten auch geistig behinderte Schüler.

Schon bei meiner Frage: »Wie läuft es bei euch so mit der Inklusion?« entgleisten sämtliche Gesichtszüge in Richtung Fußboden. Das häufigste Wort war *schrecklich* gefolgt von *gar nicht*. Im Verlauf meiner Arbeit an diesem Buch habe ich etliche weitere Lehrerinnen (Männer gibt's ja kaum noch in diesem Betätigungsfeld) nach ihren Erfahrungen gefragt – und die Reaktionen waren weitgehend identisch.

Laura zum Beispiel ist so ein Fall, der einfach unzufrieden macht, wie eine der Befragten sagte. Laura ist dreizehn Jahre alt und besucht eine Gesamtschule, in der meine schulerfahrene Freundin Margot arbeitet. Das Mädchen kann einfache Sätze sprechen – die meisten gehen kaum über fünf Wörter hinaus – und ein Buch für Erstleser langsam lesen. Im Rechnen bewegt es sich in einem Zahlenraum bis 20. Laura sitzt im GU, was *Gemeinsamer Unterricht* bedeutet, und hat für einige Stunden in der Woche ein Anrecht auf eine zweite Lehrerin in ihrer Klasse (die Anzahl der zur Verfügung gestellten Stunden im Rahmen der Inklusion variiert in den einzelnen Bundesländern), die eine besondere Ausbildung in Förderunterricht hat. »Ich habe kaum Zeit, mich um Laura zu kümmern, denn in meiner Klasse sitzen noch fünf andere, die meine komplette Aufmerksamkeit brauchen, weil sie sonst außer Rand und Band sind«, schildert Margot die Situation. »Ich bin total überfordert mit der Klasse und Laura hat nichts vom Unterricht, weil die paar Stunden, in denen ihr eine zweite Lehrkraft zusteht, ein Witz sind!«

Margot tut mir leid. Und Laura auch.

»Es genügt ja nicht, Laura besondere Aufgaben zu geben«, schimpft Margot weiter. »Sie benötigt jemanden, der ganz für sie da ist. Immer mal wieder kümmert sich eine Mitschülerin um sie. Gar nicht mal schlecht – aber als Dauerlösung ist das total ungeeignet, denn die anderen Schüler brauchen viel Zeit für sich selbst, damit sie ihr Pensum schaffen können.«

In diesem Zusammenhang gibt es aus jedem Bundesland zahlreiche Berichte von Lehrern und vor allem Lehrerinnen, die sich wie Hilferufe ausnehmen. Hier ein willkürlich gewähltes Beispiel aus Niedersachsen:

»Neben Max muss sich die Sonderpädagogin allein in seiner Klasse um fünf weitere Inklusionskinder kümmern. Und ihre Zeit mit den Schülern ist streng begrenzt: Gerade einmal 1,6 Stunden hat sie durchschnittlich je Förderkind zur Verfügung – pro Woche. Den Rest der Zeit ist Klassenlehrerin Inga Lehmann mit den sechs Inklusionskindern und den restlichen 18 Schülern allein.«[1]

Anne, ebenfalls gestandene Lehrerin, sagt, man müsse dringend den Begriff *Förderlehrer* unter die Lupe nehmen. »In welchem Bereich der Förderlehrer ausgebildet ist, spielt für den behördlichen Verteiler nämlich keine Rolle«, erklärt sie, »denn es wird überhaupt nicht unterschieden, ob die Lehrkraft ihre Referendarzeit in einer Gehörlosenschule, einer Schule für Geistig Behinderte, einer Blindenschule oder wo auch immer absolviert hat.«

Aha! Ich schließe messerscharf: Lediglich der Status *Sonderschulpädagogin* ist entscheidend. Mit anderen Worten: »Jede Förderlehrerin kann gefälligst selbst zusehen, wie sie mit dem Schüler klarkommt, dem sie zugeteilt wird«, schimpft Anne.

Eine andere Kollegin, die für den GU an einer Gesamtschule verantwortlich ist, teilt mir schonungslos mit: »Fakt ist, dass die zugeteilten Förderlehrer, die man aus ihrer bisherigen Schule einfach abberufen hat, meist wenig Lust haben, in einem für sie unbekannten Terrain eingesetzt zu werden. Viele von ihnen denken: Ich war bisher in einer Schule für Hörgeschädigte – und von entwicklungsverzögerten oder geistig behinderten Kindern habe ich keine Ahnung. Ich bin hier falsch.«

Tja – der viel gerühmte und geschmähte Beamtenstatus zeigt an dieser Stelle seine Tücken. Beamte darf man einfach so versetzen!

Auch hierzu ziehe ich ein Fazit: Für die gelegentliche Antihaltung mag neben der ohnehin hohen Belastung des

---

[1] http://www.ndr.de/nachrichten/Schule-Laender-vernachlaessigen-Inklusion,inklusion217.html.

Lehrerdaseins verantwortlich sein, dass man gut funktionierende Fördereinrichtungen abbaut und gestandene Kollegen und Kolleginnen sich neu orientieren müssen, obwohl sie sehr gerne und mit beachtlichem Erfolg an ihrem bisherigen Arbeitsplatz waren. Man muss das verstehen: Sie haben mit Sicherheit gute Arbeit geleistet – und nun soll das alles nichts mehr wert sein, weil die Inklusion über die Republik hereinbricht und wirksame Systeme abwickelt wie eine *Bad Bank*. Entsprechend fällt auf, dass alle an Regelschulen unterrichtenden Förderlehrer, die ich befragt habe, im Zusammenhang mit den Vorgaben für die Inklusion ihre Sätze beginnen mit: *Wir sollen, wir müssen, man verlangt von uns.*

Gar nicht gut. Frustration war noch nie ein Motivator.

Zurück zu Anne, einer meiner Hauptinformantinnen. »Wir haben inzwischen dermaßen viele ADS-Kinder und andere Schüler mit enormen Verhaltensauffälligkeiten. Die alleine reichen schon aus, um den Unterricht nur noch an der äußersten Grenze des Möglichen hinzukriegen.«[2]

Und Annes Kollegin setzt nach: »Von den besonders Begabten spricht hier schon gar keiner mehr. Sie müssen ganz einfach funktionieren. Was sollen die Lehrer eigentlich noch so alles managen?«

Ordnet man die Aussagen der Lehrerinnen in das bundesdeutsche Schulsystem ein, lassen sich folgende Schlüsse ziehen: Die deutsche Schule baut wie in keinem anderen Land auf leistungsunterscheidender Mehrgliedrigkeit auf. Ausgerechnet dieses System soll diejenigen einschließen, die den

---

2 ADS: Aufmerksamkeitsdefizitsyndrom.

größten Förderbedarf haben. Dabei hat man folgendes vergessen: Lehrer können nicht alles möglich machen.

Lauras Eltern sind übrigens ebenfalls unzufrieden, erfahre ich. Auch sie haben sich Inklusion ganz anders vorgestellt: In der gesamten Unterrichtszeit ist eine Lehrkraft mit dem Schwerpunkt Förderunterricht anwesend und kann sich um die zu inkludierenden Kinder und Jugendlichen kümmern. So dachten sie jedenfalls.

Fehlanzeige.

Auch haben sich Laura und vor allem ihre Eltern vorgestellt, dass Laura, inzwischen 15 Jahre alt, von ihren Mitschülern mehr integriert wird. Dass sie sich in den Pausen mit ihr befassen, sie zu Geburtstagen einladen, sie ins Freibad mitnehmen, sich nachmittags mit ihr verabreden und für das Wochenende Laura mit für den Kinobesuch einplanen. Schließlich gehört sie doch dazu.

Es mag Kinder und Jugendliche geben, bei denen das so ist. Ich habe mich vielfach umgehört: Es ist eher die Ausnahme. Je älter die Schülerinnen und Schüler sind, umso mehr gehen sie ihrer eigenen Wege. Das bedeutet: *Gleich und gleich gesellt sich gern...* – und Laura ist nun einmal anders. Man sieht ihr an, dass sie geistig behindert ist – am Gesichtsausdruck, an ihrer Statur, an ihren Bewegungen. Die Schülerinnen und Schüler, die zum Beispiel in der Grundschule mit behinderten Kindern im *Gemeinsamen Unterricht* zusammen waren, haben zugegeben, dass sie keinerlei Kontakt mehr mit ihren besonderen Klassenkameraden von damals haben. Daniel aus meinem Leistungskurs, 17 Jahre, sagte: »Das hört spätestens in der Pubertät auf. Man will sich – entschuldigen Sie, dass ich das jetzt so sage – doch nicht lächerlich machen, wenn man mit so jemandem irgendwo aufkreuzt.«

Daniel bringt es auf den Punkt: Inklusion ist der moralisch am höchsten zu bewertende Ansatz. Harte Realität ist: Er hat nur Bestand in seiner Papierform.

Nicht dass Sie jetzt denken, ich sei gegen Inklusion – mitnichten! Aber diese Ahnungslosigkeit, die mit dem Voranbringen des Gesetzes zu besagter Inklusion einhergeht, lässt mich am Verstand derjenigen, die entsprechende Entscheidungen treffen, zweifeln. Wie naiv, wie unwissend muss man sein, damit man die Förderschulen und auch die Unterbringung in Wohnheimen vom Schreibtisch aus zusammenstreicht, was exakt zurzeit passiert. Haben die verantwortlichen Gremien schon einmal ein Förderzentrum mit Förderschwerpunkt geistige Entwicklung (früher: »Schule für Geistig Behinderte«) besucht? Haben sie sich in einer Werkstatt der Lebenshilfe einen Einblick verschafft, was Vielfalt von Mensch zu Mensch bedeuten kann? Und haben sie die Eltern darüber aufgeklärt, dass ihr besonderer Sohn, ihre andere Tochter, sollte sie eine Art von Hauptschulabschluss schaffen, sich unter Umständen auf dem freien Arbeitsmarkt behaupten muss? Schließlich hat ihr Kind ja einen Schulabschluss! Und ist den Eltern eigentlich klar, dass ihr behindertes Kind, mittlerweile erwachsen, mit Schulabschluss, und sei dieser noch so bescheiden, nicht unbedingt zeitnah Anrecht auf einen Wohnheimplatz hat? Bei diesen Fragen besteht noch dringend Klärungsbedarf.

Und ist den Eltern bewusst, dass es schon schwer genug ist, einen sogenannten »normalen« Hauptschulabsolventen z. B. in einem Betrieb unterzubringen, in dem er eine Lehre machen darf, geschweige denn ihr besonderes Kind?

Es gibt mittlerweile gut geförderte Jugendliche mit Behinderung mit einfachem Hauptschulabschluss, die ohne berufliche Perspektive zu Hause leben. Sie werden nicht eingestellt – es gibt qualifiziertere Azubis im Angebot. Sie haben unter Umständen keinen Platz im Wohnheim, denn es gibt dringendere Fälle, die eine Unterbringung notwendig machen, und die Wartelisten sind lang. So leben sie weiterhin und auf unbestimmte Zeit bei den Eltern, da sie alleine nicht zurechtkommen.

Betrachtet man das Anliegen der Eltern, die die Lebenshilfe aus der Taufe gehoben haben, könnte man zu dem Schluss kommen, dass Inklusion in der oben gezeigten Umsetzung ein Rückschritt bedeuten kann.

Viele Eltern wissen überhaupt nicht darüber Bescheid und haben nun wie vor der Zeit der Lebenshilfe mit ihrem Sorgenkind *lebenslänglich*, denn ihm steht nicht zwingend Hilfe vom Landschaftsverband oder ähnlichen Organisationen für Menschen mit Behinderung zu.

Eine gefährlich naive Entwicklung, wie ich finde.

Wie läuft Inklusion in anderen Ländern?

Mein Mann, Lehrer an einer Kollegschule, war im Rahmen eines Comenius-Projekts unter anderem in Spanien. Dort gehen alle Kinder, die sinnesgeschädigt oder körperbehindert sind, auf eine Regelschule. Da sie geistig nicht beeinträchtigt sind, können sie auf ihre Weise am gemeinsamen Unterricht teilnehmen. Die Mitschüler sind daran gewöhnt, dass sie sich um diejenigen mit Handicap kümmern müssen. Sie schieben Rollstühle in die Mensa, nehmen die blinde Freundin mit an ihren Platz usw.

Und Menschen wie Tina?

Sie sind tatsächlich ebenfalls in der Schule für alle – aber sie haben eine eigene Klasse mit extra für sie ausgebildeten Lehrern und einer ihrer Besonderheit angemessenen Schülerzahl. Zum Beispiel gibt es eine Klasse mit Schülern, die das

Down-Syndrom haben. Sie werden gemäß ihrer Veranlagung unterrichtet, wobei lebenspraktischer Unterricht je nach Ausprägung ihres Handicaps im Vordergrund steht. Als mein Mann die Klasse besuchte, schreinerten die Schüler in kleinen Gruppen im Werkstattraum der Schule an einem Vogelhaus. Mittags essen sie mit allen anderen zusammen – sind also in der Mensa dabei, wie mein Mann gerührt feststellte, weil alles so selbstverständlich abläuft und die Schüler mit Down-Syndrom fraglos dazugehören. »Es wirkte alles so normal«, betont er.

4

MEINE BESONDERE TOCHTER ENTDECKT IHRE SEXUALITÄT

Eines Tages klingelt unser Telefon. Ein netter Betreuer aus der Werkstatt, in der Tina jeden Tag CDs und DVDs recycelt, ist am Apparat.

»Können Sie bitte für Tina Bodys kaufen? Sie wissen schon – also das wäre jetzt wirklich an der Zeit.«

Nö – naiv, wie ich manchmal bin, habe ich keine Ahnung, wovon der Mensch spricht, und frage also nach: »Hat Tina nicht genug Wäsche? Und müssen es unbedingt Bodys sein? Fürs Wohnheim haben wir eigentlich von allem reichlich angeschafft. Und Bodys sind doch für Tina ausgesprochen unpraktisch.«

In der Werkstatt liegt für jeden besonderen Mitarbeiter mindestens ein Sortiment Wechselwäsche parat. Außerdem Windelhosen in allen Größen – die Werkstatt ist also gut gerüstet. Kein Wunder, dass ich nicht kapiere, warum der Mitarbeiter bei uns zu Hause anruft, anstatt dem Wohnheim

Bescheid zu geben, dass für Tina momentan offenbar keine Ersatzkleidung vor Ort ist.

»Es geht nicht um Wechselwäsche«, klärt mich Tinas Betreuer auf. »Es ist nur so: Ihre Tochter kramt sich im Genitalbereich – und da ist die Werkstatt ja nicht der richtige Ort für.«

»Da haben Sie allerdings recht«, sage ich und komme mir dumm vor, weil ich nicht gleich kapiert habe, worum es eigentlich geht.

»Wenn sie Bodys trägt«, erklärt mir der geduldige Mensch weiter, »wäre das Problem gelöst. Die kann sie nämlich nicht so leicht selbstständig öffnen.«

Recht hat er.

Natürlich besorge ich umgehend Bodys. Und ich mache mir Gedanken darüber, wie mit diesem Thema umzugehen ist. Da Menschen mit autistischen Zügen selten jemanden an sich heranlassen und unsere besondere Tochter bisher keinerlei sexuellen Kontakt aufgenommen oder auch nur annäherungsweise zugelassen hat, habe ich das Thema unter *betrifft mich nicht* abgelegt, aufgehört, darüber nachzudenken, und irgendwann vergessen.

Als dieses Buch kurz vor der Veröffentlichung steht, passiert es doch. Tina hat einen glühenden Verehrer. Fabian (in Wirklichkeit heißt er anders) ist ein freundlicher, sehr korpulenter junger Mann und hat sich in Tina verliebt. Aber seine Flamme mag nicht. Dabei würde Fabian so unglaublich gerne mit Tina schmusen, sie in ihrem Zimmer besuchen und gemeinsam mit ihr in die Badewanne. Dass sie zusammen wohl kaum hineinpassen, ist ihm dabei noch gar nicht in den Sinn gekommen.

Eine Betreuerin ruft bei uns an und schildert die neue Situation. Das Betreuerteam hat sich auch schon eine Lösung überlegt, damit Tina nicht weiterhin in unangenehme Bedrängnis gerät. Tina wird aus dem ersten Stock ins Parterre umziehen, damit sie näher an Küche und Büro und damit an dem jeweils Dienst habenden Betreuer ist. So könne man rascher reagieren, wenn sie Fabian *Nein* und *Möchte nicht* deutet, Fabian sich aber nicht abwimmeln lässt und Tina jammert oder sich auf ihre Weise schimpfend artikuliert.

Und was wir kaum für möglich gehalten haben, weil unsere Tochter nur höchst ungern eine Veränderung akzeptiert: Fröhlich lächelnd empfängt sie uns am nächsten Wochenende in ihrem neuen Domizil. Sie hat keinerlei Probleme mit der neuen Wohnsituation.

Außerdem hat man im ganzen Haus die Türklinken ausgetauscht: Die Türen der Bewohner, Bäder und Toiletten können nur noch von innen ohne Schlüssel geöffnet werden. Auch Tina kann ab sofort ihr Zimmer schließen und Fabian hat das Nachsehen. Und gemeinsam baden ist nicht. Seine Liebe wird leider nicht erwidert. So spielt das Leben halt.

Fabian hat das akzeptiert und seine Zudringlichkeit eingestellt, obwohl er immer noch ein Auge auf sie wirft.

Nun ist Tina zwar weiterhin solo, aber wer weiß, ob sie nicht doch eines Tages... Jedenfalls kann ich nicht weiterhin so tun, als habe das Thema *Behinderung und Paarbeziehung* mit meiner besonderen Tochter nichts zu tun.

Als mich neulich zum wiederholten Mal jemand aus meinem Freundeskreis interessiert fragte, wie man eigentlich mit der Sexualität von Menschen mit Behinderung umgehe, habe ich endlich versucht, mich schlau zu machen.

Problematisch erscheint, dass die geschlechtliche Entwicklung, also der Reifeprozess, nicht in der von Nichtbehinderten gewohnten Weise parallel zur geistigen Entwicklung verläuft. So ist es erklärlich, dass wir Eltern Gefahr laufen, unsere besonderen Kinder geschlechtsneutral zu erziehen und nicht zu einem Geschlechtspartner, der eines Tages möglicherweise die Rolle als Vater bzw. Mutter übernehmen wird. Denn dieser Rolle kann ein geistig behinderter Mensch nur in sehr seltenen Fällen gerecht werden – und auch dann nur mit professioneller Unterstützung. Ist der besondere Mensch sexuell sehr zurückhaltend, ist man als Eltern erleichtert und will keine schlafenden Hunde wecken. Zu dieser Sorte Eltern gehörte ich bis vor Kurzem.

Dem entgegen steht die Tatsache, dass Sexualität im Leben grundsätzlich eine zentrale Position einnimmt. Befriedigende Sexualität löst gute Gefühle aus. Sowohl seelisch als auch körperlich. Auch geistig beeinträchtigte Menschen wünschen sich einen Partner, am liebsten eine richtige Familie, also Vater, Mutter, Kind. Sie haben ganz normale Bedürfnisse.

Ich habe in einigen Wohnheimen nachgefragt. Viele behinderte Menschen verlieben sich wie alle anderen Leute auch, sagte man mir übereinstimmend. Sie gehen Partnerschaften ein und die Mädels verhüten – meist durch eine Monatsspritze, weil man dann nicht jeden Tag an die Pille denken muss. Wie leicht kann im Wohnheim, in der Außenwohngruppe, im betreuten Alltag so etwas einmal vergessen werden – passiert ja bei den sogenannten normalen Menschen auch.

Der Umgang mit Kondomen sei zwar sinnvoll, aber man könne nicht sicher davon ausgehen, dass ein geistig behinderter Mann die Anwendung zuverlässig beherrsche.

Trotz aller Umsicht und Aufklärung: Es gibt sie – die Paare mit geistiger Behinderung, die Nachwuchs bekommen. Sie sind in den meisten Fällen nicht in der Lage, angemessen für ihr Baby zu sorgen. Und zahlreiche genetisch bedingte Behinderungen sind erblich. Das Thema »Verhütung« ist also nicht zu unterschätzen.[3]

Die Zwangssterilisation wurde 1992 in Deutschland abgeschafft. Sie war übrigens keine Idee Nazi-Deutschlands, sondern wurde schon 1923 per Gesetz angeordnet.[4]

Zwangssterilisation wurde allerdings im Dritten Reich verstärkt durchgeführt. Es gab ein radikales Gesetz zur Verhütung erbkranken Nachwuchses, was zwischen 1934 und 1945 bei etwa 400 000 Menschen zur Anwendung gebracht wurde. Erst 1974 wurde das rigorose Gesetz aufgehoben. Erstaunlich, dass man damit fast 30 Jahre nach dem unbarmherzigen Naziregime gewartet hat. Aber auch nach 1974 wurden weiterhin Menschen mit Behinderung sterilisiert.

»Vom Bundesjustizministerium wird geschätzt, dass in Westdeutschland – bis zur Änderung des Betreuungsgesetzes 1992 – jährlich etwa 1 000 geistig behinderte Mädchen zwangssterilisiert wurden.«[5]

Soweit die niederschmetternden Fakten. Die Geschichte sowohl der Euthanasie als auch der Eugenik hat seit Tinas Eintritt in mein Leben eine Bedeutung gewonnen, die schwer zu beschreiben ist. Klar, dass Fremdbestimmung bei besonderen Menschen greift und greifen muss, weil sie selbst wenig

---

3 In Kapitel 10 erzähle ich ein Beispiel unter dem Aspekt *Was geschieht mit Kindern, deren Eltern selbst behindert sind?*
4 Vgl. http://de.wikipedia.org/wiki/Zwangssterilisation.
5 Ebd.

oder gar nicht in der Lage sind, für sich Entscheidungen zu treffen. Aber die Vorstellung, welches Vernichtungspotenzial, welche Arroganz und Herzlosigkeit in solchen Gesetzen steckt, rührt in mir eine Seite an, die mit dem Begriff »Wut« nur vage erfasst werden kann, wenn man bedenkt, wer so alles Kinder in die Welt setzt, die es nicht gerade gut haben …

Wie schon gesagt, gibt es heutzutage sinnvolle Verhütungsmethoden und sie werden in gründlicher Absprache und in schonendem Umgang mit den Betroffenen angewendet. Und es mag durchaus triftige Gründe geben, in seltenen Fällen doch eine Sterilisation durchführen zu lassen.

Zurück zum ursprünglichen Anlass dieses Kapitels: Selbststimulanz. Bei unserem nächsten Besuch kann ich mir ein genaues Bild davon machen, wovon der Betreuer aus der Werkstatt sprach: Meine Tochter sitzt mit einem nach innen gerichteten Blick auf ihrem Bett, greift sich in den Hosenbund und stimuliert sich. Seit sie das für sich entdeckt hat, macht sie das ganz offenbar, wann und wo sie gerade möchte. Scham? Tabu? Moral? Macht man nicht in aller Öffentlichkeit? Fehlanzeige. Tina gehört zur Spezies der Anarchisten. Da macht sie bei pikanteren Themen keine Ausnahme.

Ich erinnere mich an eine Fortbildung für Eltern von Kindern mit Down-Syndrom, die in Marburg stattgefunden hat genau zu diesem Thema (diese Fortbildungen gibt es auch heute noch und sie sind sehr zu empfehlen). Ein Vater berichtete, dass er seinem halbwüchsigen Sohn beigebracht hat, dass Selbststimulanz durchaus angebracht ist, aber unter Ausschluss der Öffentlichkeit ausschließlich im Bett oder im Toilettenraum stattzufinden hat. Ganz konkret: Es geht darum, Raum für Sexualität zu schaffen, der für den besonderen Mitmenschen passt, der ihn nicht zu einem Tabubrecher macht, der unter Umständen sexuell sogar distanzlos auf andere zugeht. Ein Balanceakt zwischen lustvoller Selbstbestimmung und Bevormundung, die logischerweise fremdbestimmend ist, mit dem Ziel, dass der von geistiger Behinderung Betroffene gesellschaftlich nicht aneckt oder sich im Extremfall zum Gespött der Leute macht.

Eine praktikable Entscheidung muss her – aber meine besondere Tochter ist nicht einsichtig. Ich muss zugeben, dass die Sache mit den Bodys eine gute Idee ist, denn der Zugang zum Genitalbereich im Beisein anderer wird dadurch verhindert. Man sollte besondere Menschen dazu erziehen, dass sie nicht überall und zu jeder Zeit tun und lassen dürfen, was sie gerade möchten. Auch sie müssen gesellschaftliche Spielregeln verinnerlichen und also an gültige Umgangsformen gewöhnt werden – ein überaus wichtiger Aspekt, zumal man auch den behinderten Erwachsenen nicht, wie es früher üblich war, verstecken möchte. Aber man muss ihm Grenzen setzen. Auch deshalb, weil wir Eltern uns mit unserem Kind in der Öffentlichkeit nicht blamieren möchten, was im Zusammenhang mit Sexualität durchaus ins Extrem gehen könnte.

Bezogen auf den Ausgangspunkt meiner Überlegungen bedeutet das aber auch: Man muss ja nicht immer Bodys tragen. Auf jeden Fall nicht nachts.

Es ist davon auszugehen, dass Tina das bereits festgestellt hat …

Bis zu diesem Punkt ist das Thema Sexualität noch vergleichsweise harmlos – denn das Schwierigste kommt jetzt: sexuelle Übergriffe bis hin zu Gewalt. Die Dunkelziffer muss enorm hoch sein.

»Eine Studie aus Österreich belegt, dass die Hälfte der Männer und zwei Drittel der Frauen sexuell belästigt wurde.

Jede vierte Frau mit geistiger Behinderung hat eine oder mehrere Vergewaltigungen oder Versuche dazu hinter sich. Wir wissen heute, dass zu 99 Prozent die Opfer sexualisierter Gewalt durch Personen ausgesetzt sind, die zur Verwandtschaft, zum Pflege-, zum Betreuungspersonal, also in jedem Fall zum Nahbereich gehören. Es sind also Bereiche, die eigentlich eine Schutzfunktion haben. 37 Prozent der Täter, die Menschen mit geistiger Behinderung sexuell missbrauchen, stehen in einem professionellen Verhältnis zum Opfer. Zum größten Teil arbeiteten sie im pflegerischen oder therapeutischen Bereich (25,2 Prozent), ein kleinerer Teil (6,7 Prozent) im Bereich der Fahrdienste für Menschen mit Behinderung und etwa ebenso viele (5 Prozent) stammten aus besonderen Pflegefamilien für behinderte Kinder.«[6]

Solche Übergriffe erscheinen umso schrecklicher, als die Opfer sich oftmals gar nicht dazu äußern können, weshalb sie für Übergriffe perverser Täter so leicht zu missbrauchen sind. Sie sind traumatisiert ohne eine wirkliche Chance auf adäquate psychologische Hilfe, weil je nach Schweregrad ihrer Beeinträchtigung Hilfe bei ihnen nicht ankommt.

Eine fürchterliche Vorstellung!

Da es in einem Fall bei einem Mitbewohner Tinas im Internat zu einem solch unbegreiflichen Übergriff gekommen ist, habe ich durch die Berichte der Mutter des betreffenden Jungen erfahren, was das auch für die Eltern bedeutet, wenn man sein Kind nicht hat schützen können. Die Frau rief mich damals an und schilderte, dass ihr behinderter Sohn zunehmend aggressiv und in hohem Maße verstört wirkte. Eine

---

[6] Sobsey, zitiert nach Becker 1995, 87, http://www.sfk.s.bw.schule.de/pdfs/vortrag_stinkes.pdf.

Betreuerin hatte ihren Kollegen dabei überrascht, wie er den Jungen quälte, indem er mit dem Feuerzeug seine Schamhaare abflammte. Natürlich wurde der Mann umgehend entlassen. Einen Prozess hat es nach Aussage der Mutter des Jungen nicht gegeben.

Das im Juli 2016 reformierte Sexualstrafrecht stellt bereits unter Strafe, wenn jemand trotz seines klaren Neins zu einer sexuellen Handlung genötigt/gezwungen wird. Das ändert allerdings nichts an der Tatsache, dass viele besondere Mitmenschen nicht in der Lage sind, zu erklären, was sie nicht möchten bzw. was mit ihnen geschehen ist.

Sexualerziehung kann also gar nicht früh genug einsetzen. Auch die besonderen Kinder müssen die Chance erhalten, ihren Körper kennen zu lernen. Gemeint ist, dass es nicht nur um Hygiene geht, sondern um Empfindungen wie Wärme, Streicheln, ein wohliges Bad, um einige Dinge zu nennen, die auf den ersten Blick banal klingen mögen. Sie gehören aber selbstredend zur Lustempfindung dazu, weil sie körperlich angenehm sind. Genauso muss jeder auf seine Weise mitteilen können, was für ihn nicht dazugehört. Hier ist unter Umständen ein gewisses Maß an Drastik angesagt.

Übrigens gibt es auch für Menschen mit geistiger Behinderung Selbstverteidigungskurse, wie mir die Mutter einer Tochter berichtete.

Googeln Sie einfach mal, was ortsnah diesbezüglich im Angebot ist, oder fragen Sie bei der Lebenshilfe, der Förderschule, dem Wohnheim nach.

Gerade Tina kann sehr deutlich ein *Nein* gebärden, auch *Schluss jetzt!* und *Will nicht!* Sie könnte sicherlich durch entsprechende, auf sie abgestimmte Verteidigungstechniken noch eins draufsetzen.

5

WILLY

*oder:
Authentische Gelassenheit*

Tina hält Willy einen dicken Apfel hin. Willy nimmt ihn behutsam und beginnt zu mampfen. Allerdings kleckert er unmanierlich und so liegen einige Apfelstücke im Sand. Tina scheuert ihm eine, droht mit dem Finger und brummt streng. Dann hebt sie die hinuntergefallenen Teile auf und stopft sie Willy ins Maul. Dabei setzt sie einen Blick mit der eindeutigen Botschaft auf: Hier wird jetzt ordentlich gefuttert und nicht gekleckert. Willy gibt keine Widerworte.

Willy ist ein Pferd.

Ein gemütvolles Pferd und Tinas Liebling. Da macht es nichts, wenn sie ihn ein wenig erzieht – nach ihrer Art, versteht sich. Er schnappt also nicht nach ihrer kleinen Hand, sondern verdrückt brav und zufrieden, was Tina ihm anbietet. Dass sie ihn außerdem ausschimpft, ist ihm völlig wurscht. Er scheint den guten Willen zu spüren, dass man ihm etwas zu futtern geben möchte. Außerdem kennt er Tina als jemanden, die sich gelegentlich unkonventionell benimmt. Auf jeden Fall anders als Rosi, aber nicht wirklich schlimm.

Ich habe Rosi, die Reittherapeutin, gefragt, wie man es hinbekommt, aus einem Pferd ein Therapiepferd zu machen. Und Rosi hat die entscheidenden Worte parat: Mit authentischer Gelassenheit. Damit schafft man fast alles – bei Mensch und Tier.

Ich wollte es genau wissen, also hat Rosi es mir erklärt.

»Mit einem Pferd kommuniziert man über Körper, Stimme und Empfindungen. Das Tier reagiert und man beeinflusst sich gegenseitig. Zum Beispiel möchte ich, dass das Pferd ruhig hält, wenn jemand aufsteigt. Und zwar völlig ruhig. Beim Auf- und Absteigen eines behinderten Menschen muss ich mich nämlich meist ausschließlich auf den Reiter konzentrieren, was bedeutet, dass ich mich hundertprozentig darauf verlassen können muss, dass das Pferd nicht vorzeitig loszieht. Ich belohne es, wenn es sich entsprechend meiner Anweisung verhält – und natürlich freue ich mich, was das Tier an meiner Reaktion bemerkt. Auf diese Weise bringe ich ihm alles bei, was es eines Tages als Therapiepferd auszeichnen wird. So funktioniert Dressur. Selbstverständlich haben auch Pferde einen Charakter und nicht jedes Pferd ist als Therapiepferd geeignet. Dazu braucht man als Reittherapeut Erfahrung und Einfühlungsvermögen, damit man ein passendes Pferd findet.

Wenn ich es schaffe, diese kommunikative Beziehung zum Tier herzustellen, dann kann ich so ein großes Pferd lenken – das Pferd kommt freiwillig mit mir mit. Und es benimmt sich so, wie ich es will. Wäre es ein Mensch, würde man es als gemeinsames Tun im Dialog bezeichnen. Dazu braucht es Geduld, denn man kann ein Tier nur in kleinen Schritten erziehen. Lerntechnisch spricht man von Konditionierung:

Durch Belohnung der Verhaltensweisen, die das Pferd draufhaben soll, gewöhnt es sich das gewünschte Verhalten an. Meine gute Laune spürend, entwickelt es ›Spaß‹ an diesem ›richtigen‹ Verhalten und man muss es nicht mehr für jede kleine Einheit, die in die Richtung des gewünschten Verhaltens geht, belohnen. Das versteht man unter erfolgreichem Lernen. Und hier kommt die authentische Gelassenheit ins Spiel: Ich rege mich nicht auf, wenn das gewünschte Verhalten nicht gleich zu Anfang kommt, denn ich weiß, dass es mit der Zeit auf jeden Fall eintritt, wenn ich nur genügend Geduld aufbringe – und natürlich die Akzeptanz, dass so ein Pferd eben seine Zeit braucht, bis es begriffen hat, was es tun soll.«

Ich bewundere die Klarheit, in der Rosi den Vorgang der Konditionierung beschreibt.

»Irgendwann habe ich gemerkt«, fährt Rosi fort, »dass es bei Menschen mit besonderen Verhaltensweisen und Empfindungsfähigkeiten ähnlich ist. Auch mit ihnen kommuniziert man vor allem über Körpersprache, Stimmung und Emotion – auch mit ihnen beeinflusst man sich gegenseitig. Das funktioniert aber nur, wenn man sich auf sie einlässt. Tina zum Beispiel hat eine ausgeprägte Empfindungsfähigkeit. Im Idealfall ist ihr Gegenüber mit Empathie gesegnet. Eine solche Person verfügt über das Vermögen, den Charakter und die Gefühle anderer zu erkennen und nachzuempfinden.

Tina fängt wie mit einer Antenne Stimmung auf und interpretiert sie – das heißt, sie ›macht‹ etwas damit. Sie reflektiert ihre Empathie nicht kognitiv, wie man es von Nichtbehinderten erwartet, sondern Tina sucht sich ihren eigenen Weg, damit umzugehen.«

Auf diese Weise habe ich meine Tochter noch nie charakterisiert.

»Sobald sie sich unter Druck gesetzt fühlt, und sei es nur ein ganz kleines bisschen, und sie also spürt, dass dieses oder jenes jetzt auf keinen Fall passieren darf: Es wird passieren. Wenn ich zum Beispiel unter allen Umständen möchte, dass Tina in ihrer Reitstunde auch wirklich reitet, wird sie nicht aufsteigen. Sie spürt den Druck, den ich ihr unausgesprochen mache – und möglicherweise entwickelt sie unterschwellig Angst, nach dem Motto: Ich soll unbedingt aufsteigen? Dann stimmt hier irgendetwas nicht, wenn es unbedingt und auf der Stelle sein muss.

Da Tina nicht mit Worten spricht und also nicht nachfragen kann, agiert sie körperlich: Sie setzt sich auf die Erde und gebärdet ›Nein!‹«

So einfach wie einleuchtend! Ich höre weiter gespannt zu und gebe Rosis Ausführungen wie wild in den Laptop ein, damit ich auch ja kein Wort vergesse.

»Lasse ich es mir egal sein, ob sie reitet oder Willy putzen möchte oder lieber mit ihm an der Leine spazieren geht, ist es für Tina ein schönes Erlebnis. Man sieht ihr an, dass sie zufrieden ist oder sogar, dass sie sich freut. Dann strahlt sie übers ganze Gesicht. Ihre Reitstunde ist ohne Druck abgelaufen – es ging ausschließlich um ihre Zufriedenheit.

Die authentische Gelassenheit empfiehlt einem, die Dinge des Lebens neu zu bewerten. Für Tinas Glücksempfinden ist es gleichgültig, ob sie jedes Mal wirklich reitet oder auf andere Weise mit Willy umgeht. Hauptsache, sie hat aus dem, was man ihr anbietet, das Ihre gemacht. Mit authentischer Gelassenheit lässt man Alternativen zu, vermeidet Zeitdruck und jeglichen Zwang.«

Rosi erlebt öfter, dass Eltern die Erwartung haben, dass ihr behindertes Kind in der Reittherapie gefälligst reitet. Und zwar umgehend. Es soll nicht nur das Pferd füttern oder an seinem dicken Bauch schmusen. Dabei ist das Kind, der Jugendliche oder (junge) Erwachsene glücklich, dass er ein Pferd an der Leine spazieren führen darf und dieses Pferd brav mit ihm mitkommt – ohne irgendwelche Mucken. Es ist für ihn ein Erfolgserlebnis. Er empfindet es als schön. Nun soll aber geritten werden. Schließlich wird fürs Reiten bezahlt.

Der Stress ist vorprogrammiert.

Andy ist Autist, fast 1,90 Meter groß und hat's nicht so mit Pferden, wie seine Mutter sagt. »Kein Problem«, meinte Rosi, die zwei Therapiepferde besitzt. »Dann geht Andy halt zu Fuß mit in den Wald, während Tina auf Willy reitet.«

Das andere Pferd nahm Rosi an der Leine mit. Es dauerte keine zehn Minuten und Andy war auf dem Pferd. Rosi hatte nicht den Anspruch, dass er reiten muss. Als Andy das wahrgenommen hatte und beobachtete, wie zufrieden Tina auf Willy saß, »konnte er selbst aufs Pferd wollen«, wie es Rosi ausdrückt. »Er verspürte keinen Druck. So konnte er auswählen und er hat sich dafür entschieden, aufzusteigen.«

Rosi räumt ein, dass die Sache mit der authentischen Gelassenheit ihre Grenzen hat. Es gibt Situationen, in denen man handeln muss – gleichgültig, wie die Mitmenschen darauf reagieren.

Tina hat sich einmal mitten auf einer Kreuzung niedergelassen. Sie wollte absolut nicht aufstehen und weiter gehen. Rosi und eine weitere Betreuerin haben Tina umgehend gepackt und weggeschleppt – eilig und mit aller Kraft, was von außen betrachtet nicht ganz gewaltfrei ausgesehen haben dürfte, zumal sich Tina gewehrt hat. Sie war kein kleines Kind mehr, das man einfach auf den Arm nehmen kann, um es rasch aus der Gefahrenzone zu entfernen. Eine Passantin zeterte los und drohte, sie würde umgehend das Jugendamt informieren. Rosi hatte keine Zeit für genauere Erklärungen, warum diese Maßnahme jetzt dringend sein musste, denn während dessen wäre Tina vom Bus überfahren worden. Also musste Tina gezwungenermaßen schleunigst da weg. Und anschließend hatte Tina keine Lust, bei der schimpfenden Frau stehen zu bleiben und abzuwarten, bis ihre Betreuerinnen umfassende Rechtfertigungen abgelassen hätten.

Rosi bringt es auf den Punkt: »Man muss sich in solchen Situationen alles egal sein lassen und einfach handeln.«

6

URLAUB UND ABSCHIED

Tina hatte über viele Jahre eine wunderschöne Zeit. Ab dem 13. Lebensjahr durfte sie eine Internatsschule für hör- und kommunikationsgestörte Kinder besuchen. Montag bis Freitag wurde sie dort unterrichtet und wohnte in einem von acht Häuschen mit jeweils fünf anderen Kindern und Jugendlichen. Man fühlt sich dort eher an ein holländisches Feriendorf erinnert als an ein Internat.

Dort arbeiten immer zwei heilpädagogische Erzieherinnen und eine pädagogisch orientierte Köchin, die die Kinder in die Haus- und Küchenarbeit einbeziehen. Auch ansonsten sind Schule und Internat optimal ausgestattet.

Tina hatte richtigen Unterricht in einfacher Gebärdensprache, Werken, Sport, Schwimmen und natürlich in lebenspraktischen Dingen wie dem Zubereiten von Mahlzeiten, Tischdecken, Aufräumen usw. Auch stand die Sauberkeitserziehung stets im Zentrum.

Von Freitagnachmittag bis Montag früh und an allen Brückentagen und Ferien war Tina bei uns zu Hause. Bereits

Sonntagabend freute sie sich darauf, dass sie Montag wieder durchstarten durfte: in ihre geliebte Schule und nach Haus acht – ihr anheimelndes Domizil, das in einem großen parkähnlichen Gelände mit Schaukeln, Trampolinen und anderen Tobegeräten bestens bestückt war.

Seit sechs Jahren geht Tina in eine Werkstatt des Landschaftsverbands Rheinland, wo sie in der Abteilung für Recyclen tätig ist, indem sie CDs und DVDs auseinandernimmt und die einzelnen Bestandteile in die dafür vorgesehenen Behälter wirft. Sie lebt in einem Wohnheim, wo wie im Internat in einfachen Grundgebärden kommuniziert wird. Es war der logische nächste Schritt für jemanden wie Tina, dort einzuziehen. Eigentlich stellt es die sinnvolle Fortsetzung des Internats dar. Eine Alternative ist uns in unserem Bundesland nicht bekannt. Es gibt also kein weiteres Wohnheim, in dem gebärdensprachlich auf dieser elementaren Ebene kommuniziert wird.

Die harte Realität: Tina wollte eine Zeit lang, wenn sie bei uns zu Hause war, nicht wieder weg. Eine Reaktion, die wir aus der Zeit im Internat nicht kannten. Oft litt sie auch, wenn wir nach einem Besuch bei ihr im Wohnheim wieder abfuhren – ohne sie. Dann winkte sie nicht, wenn wir uns verabschiedeten, und hatte auch keinen Blick für uns.

Wie geht man mit solch einem Kummer um? Welche Möglichkeiten gibt es – auch für uns selbst, um die Rabenelterngefühle und den Trennungsschmerz in den Griff zu bekommen und nicht zu verzweifeln, sollte ein ähnliches Verhalten noch einmal auftreten?

Die endgültige Antwort steht noch aus.

Weil unsere besondere Tochter so gerne Glas und Porzellan zerschmeißt, kleine Kinder wie Sachen behandelt und die Nacht zum Tage macht, haben wir das Thema Ferien mit Tina über unseren Gedankenrand geschoben. Wir waren jedes Mal anschließend erst so richtig urlaubsreif vor lauter Aufpassen, Zusammenkehren, Kaufen von Ersatzteilen und dem permanenten Ringen um Schadensbegrenzung jedweder Art. Und natürlich aus Schlafmangel. Letzteres stellte das größte Problem dar, weil Müdigkeit auf Dauer träge und schlechte Laune macht.

Doch letztes Jahr haben wir uns eingestanden, dass uns ein gemeinsamer Urlaub mit Tina fehlte.
    Jetzt wollten wir es wissen. Wäre es nicht vielleicht doch möglich, mit ihr zu verreisen, wenn wir nur die passenden Bedingungen schafften? Wenn wir sozusagen generalstabsmäßig den Aufenthalt planen würden und keinerlei Ansprüche für uns stellten, sondern in allem ausschließlich daran dächten, was mit Tina machbar ist, was wir erst gar nicht ausprobieren würden und was wir eventuell unternehmen könnten, wenn, ja wenn die ersten Tage rund liefen – einigermaßen jedenfalls?
    Wir fühlten uns stark, weil Tina ruhiger und verträglicher geworden ist und wir von der fixen Idee beseelt waren, dass unser anderes Kind gefälligst auch richtige Ferien mit Verreisen und Papi und Mami haben sollte. Denn die Betreuer des Wohnheims weigerten sich, Tina Speziale mit auf die Freizeit zu nehmen. Tina mache unter Umständen schlimme und/oder gefährliche Sachen – man wisse bei ihr ja nie …
    Wir haben richtig viel Urlaubsgeld in die Hand genommen und für eine Woche ein einsam gelegenes Haus in den Dünen von Ouddorp in Südholland gemietet.

Schon Wochen vor den eigentlichen Ferien haben wir in Ouddorp solange gesucht, bis wir das versteckte Haus entdeckten. Ja – es sah genauso aus wie in der Anzeige. An diesem stillen Ort waren keine Hunde, die Tina zu nahe kamen, um sich einen Tritt unters Maul abzuholen; keine kleinen Kinder, die als Spielzeug für mein anderes Kind herhalten mussten.

So waren wir schon im Voraus guter Dinge. Am Haus und seiner Umgebung würde es nicht liegen, wenn die Sache schief gehen sollte.

Tina freute sich schon sehr, als wir sie nach Hause abholten. Dann wurde der große Fahrradträger aufs Auto montiert, ihr geliebtes altes Tandem und mein Fahrrad aufgeladen und Koffer getragen. Wir fuhren in Urlaub.

Das Wetter spielte Hochsommer, als wir starteten. Unsere besondere Tochter war in Bestlaune. Wir eher abwartend und gespannt – und, ja, wir fanden uns mutig. Pläne hatten wir auch: Einer würde mit Tina in den Garten gehen, während der andere das Haus inspizieren und alles um- und wegräumen sollte, was man auf Fliesen knallen kann.

Gesagt, getan. Da das Haus völlig frei steht, bin ich mit Tina als erstes drum herum gegangen und habe mich mit ihr auf einer Picknickdecke im Garten unter einem großen Baum niedergelassen.

Derweil hat mein Mann sämtliche Bilder abgehängt, Vasen eingesammelt, die gesamte Deko ebenfalls. Erst mit jemandem wie Tina merkt man, was in einem Haus so alles (auch an Unnötigem!) herumsteht und kaputt gehen kann. Zum Glück ist es ein großzügiges Haus und hat für uns drei ein Zimmer zu viel, so dass wir alle kaputtbaren Dinge in diesen Raum einquartierten und die Türe schlossen. Jetzt öffnete mein Mann die Terrassentüre und das Feriendomizil wurde zum Tina-Haus.

Es waren schöne Ferien. Da wir Plastikgeschirr mitgebracht hatten und absolut nichts aus Glas oder Porzellan greifbar war, fehlte Tina jeglicher Anlass, Dinge durch die Gegend zu werfen.

Ich habe ausschließlich das gekocht, was Tina gerne isst. Hühnchen mit Reis, Reis mit Hühnchen und ansonsten Nudeln mit Sauce. Bei dem schönen Wetter waren wir viel draußen, sind kilometerweit Rad gefahren und haben es nach kurzer Zeit sogar gewagt, uns mit Tina in die Strandbude zu setzen und Pommes, Limo, Eis zu bestellen. Limo wurde auf unsere Bitte hin im Pappbecher serviert. Alles kein Thema für die stets nette Bedienung, gleichgültig, wo wir auftauchten. Sobald wir uns irgendwo niederließen, durfte Tina ihren Judogürtel aus dem Rucksack nehmen. Sie hatte zu tun und also keine Hand frei, um Blödsinn zu machen.

Wir haben ihre Geduld nicht überstrapaziert, unsere auch nicht, und haben darauf geachtet, dass die Zeit ihr nicht zu lang wurde, sind viel mit ihr gelaufen – auch spät abends, wenn niemand mehr unterwegs war. An einem dieser Abende – es war bereits nach 21 Uhr – kam ein Seehund bis an den Strand. Sogar Tina nahm ihn wahr und staunte.

Nachts hat sie mit ihrem Vater die Betten getauscht und durfte neben mir schlafen. Es mag sich merkwürdig ausnehmen – aber für uns war es wie ein Wunder, dass sie wirklich nachts geschlafen hat. In einem fremden Haus und in einem ungewohnten Bett.

Die Woche war herum, die Lady von der Agentur kam zur Schlüsselrückgabe, stellte fest, dass alles in Ordnung war, und verabschiedete uns freundlichst. Wir fuhren nach Hause.

Einen Tag später packte ich Tinas frisch gewaschene Kleidung in den Koffer. Sie nahm den Koffer und kippte alles wieder aus. Ich packte also zum zweiten Mal. Wieder dasselbe Spiel.

Als wir Tina zurück ins Wohnheim bringen wollten, war sie verschwunden. Ich fand sie unter einer Decke versteckt – bei 34 Grad im Schatten.

Sie wollte bei uns bleiben.

Es schnitt mir ins Herz.

Irgendwann ist sie mit ins Auto gegangen. Am Ziel angelangt, stieg sie nicht aus. Es ging nicht. Sie nahm keinerlei Blickkontakt mit uns auf, bewegte sich nicht vom Fleck. Wir drängten sie nicht, sondern warteten still und bang. Und sehr traurig. Nach mehr als einer Stunde stieg sie zögerlich aus. Man sah, wie schwer es ihr fiel. Sie brachte es nicht fertig, ins Wohnheim zu gehen. Wie eine Braut musste ihr Vater sie über die Schwelle tragen. In ihrem Zimmer machten wir Licht. Sie machte es sofort wieder aus, ließ den Rollladen herunter und legte sich ins Bett. Komplett bekleidet. Kein Blick für uns, kein Abschiedswinken, nichts.

Man kann kaum beschreiben, wie unglaublich traurig wir waren, weil Tina so einen Kummer hatte. Natürlich hat sich der diensthabende Betreuer rührend um Tina gekümmert – besser gesagt, kümmern wollen, denn sie ließ niemanden an sich heran. Auch ihre Mitbewohner kamen der Reihe nach zu ihr und zeigten mit lieb gemeinten Gesten, wie schön es doch sei, dass sie wieder da wäre.

War es vielleicht doch ein Fehler, dass wir uns in der Urlaubswoche so intensiv auf sie eingestellt haben? Gibt es das, dass etwas zu schön ist und man nicht mehr in den Alltag zurückfinden mag? Ist es zu schwer für jemanden wie Tina, sich damit zu trösten, dass es wieder schöne Momente mit der Familie geben wird? Dass man nur eine Zeitlang warten muss, weil es eben auch den Alltag gibt?

Ich habe keine Antwort darauf. Ich weiß nur, dass solche Abschiede über meine Kräfte gehen. Aber aus dem Grund nie mehr mit Tina verreisen?

Vor kurzem klingelte das Telefon und der Eigentümer besagten Ferienhauses war am Apparat. Er fragte schlicht, ob es uns gefallen habe. Klar – und wie!, sagten wir. Falls wir es im nächsten Jahr wieder mieten möchten, könnten wir das direkt über ihn buchen. Dies sei billiger als über die Agentur. Als wir ihm sagten, dass wir dort einen wunderschönen Urlaub gehabt hätten, und zwar mit unserer besonderen Tochter, antwortete Mijnheer: »Ich weiß. Deshalb rufe ich Sie an.«

Wir haben im folgenden Jahr wieder für eine Woche gebucht. Dasselbe Haus. Auch damit Tina weiß, dass sie sich darauf verlassen kann, dass es demnächst wieder einen gemeinsamen Urlaub geben wird.

Verlässlichkeit versus Verlassenheit. Ob sie das eines Tages begreift? Und ob ich lerne, nicht jedes Mal so fürchterlich traurig zu werden, wenn mein erwachsenes Kind Kummer hat? Andere Leute bekommen das schließlich auch in den Griff.

Wie war das doch gleich mit der authentischen Gelassenheit? Kann man so etwas auch für sich selbst entwickeln?

Ich werde Rosi fragen ...

Wieder ist ein Jahr herum, das Ferienhaus in Ouddorp ist bereits vergeben. Mist! Warum haben wir uns nicht eher gekümmert?!

Wir wollen Urlaub *mit* Tina und Not macht bekanntlich erfinderisch.

Kennen Sie die Weltstadt Schweinheim?

Nicht?

Kannte ich bis zu diesem Sommer auch nicht.

Schweinheim liegt in der Nähe von Euskirchen und also ziemlich nah an dem Ort, in dem Tina seit nunmehr acht Jahren wohnt. Schweinheim hat etwa 400 Einwohner und einen Campingplatz. Dieser Platz war ursprünglich eine sehr große Obstwiese. Der Sohn des Obstbauern hat das Anwesen zwar nicht grundsätzlich verändert, aber um einige kleine Sanitäranlagen und Wege bereichert. Und so wurde aus der Obstwiese ein Geheimtipp für Camper. Der Neffe des Obstbauern hat das Areal geerbt – einschließlich der Tatsache, dass es sich um einen Campingplatz handelt, womit er zunächst überhaupt nicht einverstanden war. Aber wie das so ist: Man lässt den Dingen ihren Lauf, findet Spaß an der Sache und irgendwann landete die Adresse des heimeligen Orts im Netz unter *Camping Euskirchen*.

Und hier beginnt nun unsere neueste Erfahrung: Mit unserem Wohnwagen ergatterten wir problemlos einen der wenigen Plätze – Schweinheim ist eben doch nicht der Nabel der Welt. Unter wunderschönen Apfelbäumen haben wir Vorzelt, Tisch und Stühle aufgebaut, Tinas Tandem und mein Fahrrad einsatzbereit abgestellt und unsere Tochter aus dem Wohnheim abgeholt. Gemeinsam haben wir Urlaub gemacht: Jeden Tag aufs Neue. Morgens fuhren wir zum Wohnheim, weckten unsere Tochter und holten sie aus dem Bett. Während ich mich um ihre Toilette kümmerte, kaufte mein Mann frische Brötchen. Dann ging es gen Schweinheim. Auf dem idyllischen Campingplatz begann der Ferientag mit einem gemeinsamen Frühstück. Während wir aufräumten und spülten, saß Tina fröhlich auf einer Decke, sah uns zu und drehte ihren Judogürtel. Bis zum Abend sind wir geradelt, haben unter dem Vorzelt gegessen, auf der Decke gespielt, sind spazieren gegangen – und am Abend haben wir Tina zurückgebracht, gebadet und uns bis zum nächsten Morgen von ihr verabschiedet.

Wir Eltern hatten noch einen Tina-freien Restabend und vor allem ungestörte Nachtruhe, was mit Tina nicht gewährleistet ist.

An einem Regentag ist Tina mit in den Wohnwagen geklettert und hat mit ihrer Mami in dem gemütlichen Bett herumgeschmust. Irgendwann hatte das Wetter ein Einsehen und es ging wieder nach draußen.

Ich kann so einen Urlaub nur empfehlen. Die Ungezwungenheit auf einem lauschigen Campingplatz mit wenig Durchgangsverkehr und die Tatsache, dass man sein Kind in seiner gewohnten Umgebung abends für die Nacht versorgen kann und nicht in einer fremden Gegend die notwendigen hygienischen Maßnahmen treffen muss, ist Urlaub pur: und zwar für alle Beteiligten.

Tina hat sich fürchterlich doll gefreut, wenn wir am nächsten Morgen wieder aufkreuzten und es erneut zum Campingplatz ging. Ihre Eltern waren ausgeschlafen und so richtig ferienmäßig drauf. Die Betreuer waren entlastet, denn ihre einzige Aufgabe bestand eine Woche darin, uns morgens die Türe zu öffnen. Genial!

Sollten Sie keinen Wohnwagen besitzen: Ein Zelt reicht völlig aus. Hauptsache, man findet einen vom Wohnheim nicht allzu weit entfernten Campingplatz mit möglichst abgeschiedenen Stellplätzen oder hat die Gelegenheit, außerhalb der Schulferien verreisen zu können.

Das Gefühl, unbeobachtet mit seinem besonderen Kind zu urlauben, ist einfach umwerfend.

DER EICHHOF UND DIE FRAGE NACH DER SELBSTVERSTÄNDLICHKEIT

oder:
Es darf geträumt werden

Wie ich mir in meinen kühnsten Träumen das Leben von Tina vorstelle? Wie auf dem *Eichhof* – und den gibt es wirklich.

Weil unsere Tochter zeitweilig in ihrem Wohnheim nicht besonders glücklich ist, obwohl es dort in vielen Punkten fast familiär zugeht, haben wir über einen längeren Zeitraum bei anderen Eltern nachgefragt, wie es mit ihren Kindern in deren Wohnheimen klappt. Die Ergebnisse waren natürlich unterschiedlich, aber es gab einige Schnittmengen.

Ein Hauptproblem liegt im Personalschlüssel, der in Wohnheimen ohne eine zusätzliche Trägerschaft wie Caritas oder Lebenshilfe sehr niedrig ausfallen kann. So steht für alle acht Bewohner in Tinas Heim eine Betreuungsperson zur Verfügung. Genau E.I.N.E.! Diese ist verantwortlich für die Bewohner, den Einkauf, das Essen, die Wäsche, die Büroarbeit – für alles, was anfällt.

Die Bewohner sollen gepflegt, beköstigt, medikamentös versorgt werden und das Ganze muss in allen möglichen Unterlagen schriftlich festgehalten werden. Logisch, dass bei einem niedrigen Betreuungsschlüssel für Beschäftigungsmaßnahmen grundsätzlich wenig bis keine Zeit übrig ist – auch wenn die Betreuer hoch motiviert sind. Ebenfalls ist es nachvollziehbar, dass so eine Arbeitsstelle nicht unbedingt der Art von Job entspricht, die man sich erhofft hat. Schließlich fehlt auch ein kompetenter Mitarbeiter als Ansprechpartner, mit dem man sich aussprechen oder austauschen kann und mit dem ein zufriedenstellendes Programm mit der einen oder anderen Abwechslung für die Bewohner umsetzbar wäre. Schließlich hat man in seiner Ausbildung gelernt, wie wichtig motivierende Anleitung zum Beispiel für die Alltagsbewältigung ist – man weiß also durchaus um seine pädagogischen Aufgaben und möchte gerne Dinge umsetzen, die einem wichtig erscheinen. Das ist aber nicht möglich, wenn man für alles alleine verantwortlich ist. Insofern kann es passieren, dass sich in einer solchen Einrichtung das Personalkarussell über die Maßen schnell dreht, sodass sich auch die Eltern dauernd auf neue Ansprechpartner einstellen müssen. Für die Bewohner ist dies natürlich eine echte Herausforderung, denn sie haben je nach ihrer Besonderheit ohnehin Probleme mit dem Beziehungsaufbau.

Wer einen höheren beruflichen Abschluss hat, schafft oftmals den Karrieresprung in eine Bürotätigkeit, was bedeutet, keine kräftezehrende Arbeit mehr an der Basis, keine Spät- und Nachtdienste. Das hat nichts damit zu tun, dass die heilpädagogischen Pfleger, die Sozialpädagogen usw. nicht engagiert sind. Das krasse Gegenteil ist der Fall. Sie sind sehr fleißig, sehr bemüht, was uns anbelangt, kooperativ und durchaus ideenreich – im Grunde habe ich es bisher nie anders erlebt. Aber wie oft wird in ehrlichen Momenten Eltern gesteckt, dass außer »satt und sauber« nicht mehr viel drin ist, wenn man als Betreuer auf sich allein gestellt ist – und zwar wörtlich genommen. Dass dies auf Dauer auch den Hartgesottensten zu der Überlegung bringt, ob es nicht woanders besser und bequemer wäre und man sich bei nächstbester Gelegenheit versetzen lässt oder anderweitig bewirbt, zum Beispiel als Betreuer von Außenwohngruppen, in denen deutlich fittere besondere Menschen leben, ist völlig verständlich.

Genauso verständlich ist, dass so viel Verantwortung und Arbeit im Alleingang krank machen kann, weil nicht jeder diesem Stress auf Dauer gewachsen ist. So hat nicht nur Jan, der kompetente und überaus nette Betreuer, der mit der Gruppe und meiner Wenigkeit ins Freilichtmuseum nach Kommern gefahren ist, lange Zeit krankheitsbedingt gefehlt und ist leider in eine andere Stadt mit neuem Arbeitsplatz gezogen. Dass er dort angenehmere Bedingungen vorfindet, sei ihm ausdrücklich gegönnt.

Klar, dass in mehreren Wohnheimen etliche Eltern Eingaben machen, Gespräche mit für das betreffende Wohnheim Verantwortlichen führen, Beschwerden formulieren. Von allen Befragten habe ich gehört, dass es wenig Zweck hat. Für viele Wohnheime gibt es gar keinen Personalschlüssel, sondern nur einen Fixbetrag – und damit muss gewirtschaftet werden. Im Grunde scheint es zumindest in einigen Wohnheimen ähnlich zu sein wie in der Altenpflege: zu wenig Personal für zu viele Leute. Kein Zeitfenster für Einzelförderung oder für zu bestimmten Tätigkeiten motivierende Initiativen.

Insgesamt werden in Pflegeeinrichtungen offenbar die Gelder gekürzt. Vor allem Eltern, deren Kinder schon vergleichsweise lange außer Haus leben, also über 40 sind, haben dies bestätigt. Immer weniger Betreuer müssen immer mehr Arbeit stemmen. Die Erkenntnis ist nicht neu: Das soziale Netz wird weitmaschiger und hat längst unübersehbare Löcher.

Der Krankenstand der Betreuer ist zeitweilig hoch und es ist sicher manchmal schwer, auf die Schnelle an eine Vertretung zu kommen. Erkältungs- und Grippewellen lassen grüßen.

Was heißt das konkret?

Es ist Samstag. Wie beinahe jedes Wochenende kommen wir Tina besuchen. Ein bislang nie gesehener Betreuer öffnet die Türe und erklärt uns, er sei heute nur zur Vertretung da, weil der Kollege erkrankt sei. Auf die Frage, wo denn Tina sei, kommt als Antwort: »Tina? Tut mir leid, aber die kenne ich gar nicht.«

Tja – wo ist Tina nur? Mein Mann und ich sehen uns an. Wir gehen also die Treppe nach oben, öffnen die Türe ihres Zimmers. Die Rollläden sind heruntergezogen, es ist folglich stockdunkel. Und Tina liegt durchgepinkelt im Bett. Die Zeit: Es ist nach 15 Uhr. Logisch, dass Tina weder gefrühstückt noch Mittag gegessen hat. An der verstreut umherliegenden Kleidung sieht man, dass sie versucht hat, sich selbst in die Gänge zu bringen. Irgendwann muss sie wohl aufgegeben haben. Das Bett fungiert als ihre Insel. Und wenn man im Bett liegt, hat es dunkel zu sein – also: Rollläden nach unten. Decke über den Kopf.

Okay, das ist die absolute Ausnahme – allerdings hat die Reittherapeutin einmal ähnliches erlebt, als sie Tina abholen wollte. Das war um 14 Uhr.

Fazit: Es kann passieren, dass dem spontan eingesprungenen Kollegen die Besonderheiten der Bewohner gar nicht bekannt sind. Andererseits ist es nur logisch, dass nicht alle Heimbewohner, die auf dem Papier als erwachsen ausgewiesen sind, sich auch erwachsen verhalten. Zum Beispiel Tina!

Auch treibt die Überforderung des Personals gelegentlich Blüten. So muss man richtig oft darum bitten, dass jemand die Friseurin bestellt, damit zum Beispiel Tinas Haarschnitt in professionelle Hände gelangt und nicht nach *Mutter-gibt-ihr-Bestes* aussieht.

Zum Thema Aussehen: Die Eile gebietet wohl gelegentlich, dass die Kleidung öfter »von oben« genommen wird. Gemeint ist der Wäschestapel im Kleiderschrank: Was gerade obenauf liegt, wird gegriffen und dem Bewohner zum Anziehen bereit gelegt beziehungsweise ihm übergestreift, wenn er selbst nicht dazu in der Lage ist, sich anzukleiden. Jedenfalls ist zu beobachten, dass manch besonderer Mensch gelegentlich nach Kleidercontainer vom Roten Kreuz aussieht, so wenig passen die Sachen zusammen. So berichten Eltern, dass ihre Kinder allzu häufig den Eindruck der Armseligkeit erwecken. Eine Mutter erzählt, dass der Bauch ihres Sohnes über eine viel zu enge Hose schwappe, die man längst hätte aussortieren müssen. Das T-Shirt sei ein Fall für die Mülltonne. Gut, dass die Schuhe unterm Tisch verschwinden. Mit anderen Worten: Sich kümmernde Verwandte haben mehr Zeit und ein höheres Interesse daran, dass ihr Sohn oder ihre Tochter proper gekleidet aussehen. Die Betreuer haben das Interesse mit Sicherheit auch – aber bei der Anzahl der zu Betreuenden und der Aufgabenüberfrachtung bleibt auch dafür nicht immer genug Zeit. Und Leuten wie Tina ist es sch…egal, wenn sie in Sack und Asche herumlaufen.

Im Alter von etwa zehn Jahren hat Tina es zweimal unbemerkt geschafft, das Haus zu verlassen. In beiden Fällen hat ein netter Mitbürger, der etliche Häuser weiter in unserer Straße wohnt, die Sachlage korrekt eingeschätzt und sie wieder bei uns abgeliefert. Einmal sonntagmorgens vor sieben Uhr. Es klingelte und ich lief einigermaßen verärgert über die allzu frühe Wochenendstörung die Treppe hinunter, öffnete die Türe und konnte nicht begreifen, was doch Realität war. Tina war splitterfasernackt und strahlte mich an. Wenn sie mich hatte überraschen wollen, so war ihr dies gelungen! Der umsichtige Nachbar war schon früh mit seinem Hund unterwegs gewesen und hatte Tina, die sich klammheimlich aus dem Haus gestohlen hatte, an die Hand genommen und kehrt gemacht. Als ich mich immerhin soweit von meiner Schockstarre erholt hatte, um meinen Dank auszudrücken, meinte der Mann nur: »Ist ja auch um diese Uhrzeit noch ein bisschen frisch draußen.«

Beim zweiten Mal war Tina – diesmal an einem Wochentag auf Achse – schon bis an die stark befahrene Hauptstraße gekommen, als ein anderer Nachbar in die nächstbeste Einfahrt einbog, aus dem Auto sprang und in der gebotenen Eile unsere Tochter von der Straße pflückte. Wieder hatte sie sich ihres Schlafanzugs entledigt, die Windelhose ausgezogen, die ihr in gebrauchtem Zustand wohl unangenehm gewesen sein wird, und war auf und davon. Ich hatte gerade den vollen Wäschekorb in den Keller geschleppt in der Überzeugung, dass Tina noch im Bett lag.

Mit anderen Worten: Leute wie Tina machen sich unter Umständen komplett textilfrei auf den Weg und finden das noch nicht einmal komisch. Logisch, dass sie es auch nicht komisch finden, wenn ihre Klamotten, wenn sie denn nun welche am Leib haben, absolut nicht zusammen passen.

Denken Sie bitte nicht, das sei den Betreuern anzulasten. Mitnichten – denn die Betreuer, die wir kennengelernt haben, schuften nach Kräften, strahlen Fröhlichkeit aus und sind uns gegenüber sehr zuvorkommend. Und zwar alle ohne Ausnahme. Hut ab – kann man da nur sagen. Aber alles ist für einen alleine nicht immer zu schaffen!!! Kein Wunder, dass die Klamottenkombination gelegentlich, sagen wir: unkonventionell ausfällt.

Auch bin ich mir sicher, dass alle pflegerisch Tätigen gerne mehr und öfter Impulse setzen würden, um zum Beispiel auch Tinas Heimalltag aktiver zu gestalten. Im Internat hat Tina bei den Zubereitungen der Mahlzeiten geholfen, das Essen mit arrangiert, den Tisch gedeckt und auch wieder abgeräumt. Unsere Tochter wurde dort zu allen möglichen lebenspraktischen Dingen angeleitet – es waren aber auch stets zwei bis drei Mitarbeiter zugegen. Auch aktuell bemüht sich der jeweils Diensthabende, die Bewohner in Alltagsverrichtungen einzubeziehen, was aber aus den genannten Gründen nicht in dem Umfang stattfinden kann, der nötig wäre, damit sich Tina an ihren erweiterten Aufgabenbereich gewöhnen kann. Trotzdem ist man bemüht, dass es nicht bei Einzelaktionen bleibt.

Fazit: Die Gelder werden zusammengestrichen und die an der Basis Schaffenden ausgebeutet. Klingt politisch nach Kritik aus dem linken Lager – ist aber nichts weiter als die Feststellung einer Mutter.

Ob die häufig wechselnden Betreuer jemals die aufwändig aufgestellten, äußerst umfangreichen Hilfepläne für die Bewohner lesen? Nehmen sie sie etwa mit nach Hause, um sie in ihrer Freizeit durchzuarbeiten, weil sie während der Arbeit wohl kaum dazu kommen? Haben Sie sich schlau gemacht, was für *meine* Tochter ansteht?

Eine Antwort dürfte sich erübrigen. Trotzdem habe ich mal bei einigen nachgefragt und das Ergebnis war wie erwartet. Nein – sie hatten Tinas Hilfeplan noch nie in den Händen.

Papier ist eben geduldig. Schade nur, dass gut bezahlte Kräfte aus der Verwaltung viel Zeit in solche Papiere investieren. Ob die subversive Frage angebracht ist, warum man nicht weniger Geld in die Administration steckt, damit für die an der Basis Schaffenden mehr übrig ist?

Bislang sind wir davon ausgegangen, dass es für Tina keine Alternative gibt, weil sie ein Wohnheim benötigt, in dem auf die ihr bekannte Weise gebärdet wird. Doch was ist wirklich wichtig? Dass unsere Tochter die Chance erhält, eine emotionale Bindung zu einem Betreuer oder einer Betreuerin aufzubauen – genau zu diesem Zweck gibt es in den meisten Wohnheimen sogenannte Bezugsbetreuer, von denen jeder einem bestimmten Bewohner zugeteilt ist, damit genau das eintreten kann. Eine engere, vertrauensvolle Beziehung – oder die Kommunikation in einfachen Grundgebärden? Was wäre für Tina die Alternative?

Auf Umwegen hörte ich vom *Eichhof*. Natürlich habe ich sofort im Internet gestöbert. Schon die Homepage ist vielversprechend – voller schöner Fotos und neugierig machender Berichte.[7]

Der Eichhof ist eine anthroposophische Lebensgemeinschaft und liegt im Bergischen Land im Bröltal – das ist, grob lokalisiert, zwischen Köln und Bonn. Auf der nächsten Führung durch die kleine Dorfgemeinschaft, die einmal im Quartal stattfindet und zu der ich mich angemeldet hatte, stellte ich fest, dass es in Natura mindestens so schön ist wie auf

---

7 www.eichhof.org.

den Fotos. Ehrlich gesagt hat es mir so gut gefallen, dass ich gar nicht weiß, wo ich mit meiner euphorischen Schilderung beginnen soll.

Ich versuch's mal mit den Örtlichkeiten und den Gebäuden.

Das Dorf besteht aus zwölf Wohnhäusern, diversen Werkstätten und landwirtschaftlichen Gebäuden, in deren Zentrum das Haus der Begegnung steht, ein großer runder Bau mit mehreren Sälen, wo man essen, musizieren und feiern kann. Zäune, Tore, Gatter gibt es nur als Einfriedung für die Tiere.

Dort gibt es keine Menschen mit Behinderung, die man als »Leistungsnehmer« bezeichnet und in BeWo (Betreutes Wohnen in einer Außenwohngruppe) oder »stationär« (rund um die Uhr Betreuung – ähnlich wie im Krankenhaus) unterteilt, sondern ausschließlich Bewohner. Etwa 120 »Menschen mit unterschiedlichen Möglichkeiten, Fähigkeiten und Lebensvorstellungen begegnen sich respektvoll und wertschätzend«.[8] Alleine das Wort »wertschätzend« trifft mitten ins Herz, wenn man den engagierten Bewohnern begegnet.

Auch haben von den ca. 100 Mitarbeitern etliche dort ihre Wohnung, was für sich spricht.

1993 hatte sich ein Elternverein gebildet und nach Besichtigung unzähliger zum Verkauf stehender Anwesen den in die Jahre gekommenen Eichhof erworben, ein bäuerliches Gehöft mit etwa elf Hektar Nutzfläche drum herum. Das Haus wurde behindertengerecht umgebaut und drei Jahre später zogen die ersten Bewohner dort ein. Nach und nach entstanden weitere Häuser, bis das Dorf in seiner jetzigen Form fertiggestellt war.

---

8 *Lebensgemeinschaft Eichhof Journal*, Ausgabe 41, S. 6.

Weil sehr gerne noch viel mehr Menschen dort leben würden, könnte man theoretisch weitere Häuser bauen – Platz genug wäre vorhanden und eine Baugenehmigung gibt es auch. Aber wegen der Inklusion gibt es keine Zuschüsse mehr – und das ist nicht nur aus meiner Sicht mehr als bedauerlich. Denn der Eichhof lebt eine Dorfgemeinschaft, die genau diesen Namen verdient.

Die Führung beginnt am Dorfladen, der nicht nur die selbst produzierten Agrarerzeugnisse – entsprechend der anthroposophischen Ausrichtung in höchster Bio-Qualität nach den strengen Demeter-Richtlinien – und die in den Werkstätten hergestellten Gegenstände verkauft, sondern auch ein gemütliches Café unterhält, mit Sitzgruppen drinnen und draußen. Der selbstgemachte Kuchen und die gut gekühlten Getränke – es ist ziemlich heiß draußen – schmecken köstlich. Serviert wird von den Dorfbewohnern.

Die Werkstätten sind groß, hell und einladend – und es macht ganz den Eindruck, dass für jeden der Bewohner eine passende Tätigkeit vorhanden ist: Viele Sorten Brötchen, Brot und Kuchen werden in der Backstube produziert, die nicht nur im Dorfladen, sondern auch auf Wochenmärkten und in Bioläden verkauft werden.

Die Metallwerkstatt stellt Deko aus Kupfer und Eisen her – zum Beispiel Tiermotive an einem Eisenstab für den Garten. Weil ich bekennender Elch-Fan bin, habe ich mir einen solchen bestellt. Die Schablone habe ich von einem meiner Holzelche abgemalt und an den Eichhof gemailt – und nun steht in meinem Garten ein Kupferelch auf einer Eisenstange, umrankt von einer Klematis. Eine absolut gelungene Sonderanfertigung, die sorgfältig und liebevoll verpackt bereits knapp 14 Tage später bei mir eintraf.

Natürlich gibt es eine Schreinerei, eine Kerzenwerkstatt, eine Töpferei. Auch dort konnte ich nicht widerstehen und habe ein ganzes Sortiment Dessertschalen erstanden – wunderschöne Keramik – sowie einen Milchkrug. Alles gar nicht mal teuer und absolut professionell hergestellt mit einem Meister an der Spitze, dem man anmerkt, dass das Dorf, die Werkstatt, das schlichte, edel aussehende Keramik-Design – er hat uns gestanden, dass er nur das eine Motiv wirklich drauf hat – und nicht zuletzt seine besonderen Lehrlinge sein Leben ausmachen.

Landwirtschaft, ein paar Kühe und jede Menge Hühner runden den Bereich der Arbeit ab.

Nach mehr als zwei Stunden Führung sitzen wir interessierten Eltern im Café bei kühlen Getränken und einem Stückchen Kuchen.

Mein Mann und ich schauen uns an. Warum kann es nicht in allen Behinderteneinrichtungen so sein?

Die Antwort liegt auf der Hand. Weil nicht alle Eltern dermaßen initiativ sind wie die Gründergruppe des Eichhofs. Dies ist meines Erachtens der einzige Grund – denn die Gesamtanlage erscheint in ihrer Baulichkeit nicht teurer als Häuser für Menschen mit Behinderung, die man sonst so kennt.

Natürlich spielt es eine Rolle, dass das Eichhof-Konzept an Rudolf Steiners Weltbild angelehnt ist. Die damaligen Eltern, die den »Eichhof« aufgebaut haben, hatten sich verschiedene Einrichtungen angesehen – unter anderem auch in Süddeutschland, wo es mehrere solcher anthroposophisch orientierten Häuser gibt. Das hatte sie wohl überzeugt.

»Heilsam ist nur, wenn im Spiegel der Menschenseele sich bildet die ganze Gemeinschaft und in der Gemeinschaft lebt der Einzelseele Kraft«, sagt Steiner. Demnach gibt es keine richtige oder falsche Gemeinschaft, keine Menschen, die aufgrund ihres So-Seins nicht in die Gruppe passen, sondern es muss nach einer Form des Zusammenlebens gesucht werden, in der sich jeder aufgehoben fühlen kann. Dazu gehört Leben und Arbeiten. Und Arbeit gibt es auf dem Eichhof genug. Vieles, was andernorts elektrische Maschinen erledigen, wird hier mit mechanischem Gerät oder ausschließlich per Hand gearbeitet. Die Menschen brauchen eine sinnvolle Tätigkeit, Arbeit eben – und keine wirtschaftlich rentable Massenproduktion. So sind die Werkstattmeister stets auf der Suche nach alten mechanischen Geräten, die möglichst leicht zu bedienen sind. Dementsprechend werden Verpackungen zum Beispiel für Kerzen per Hebeldruck gestanzt – jedes Teil einzeln. Und die Dochte schneidet man nach genauer Abmessung mit der Schere auf die richtige Länge.

Die besonderen Arbeitnehmer haben reichlich zu tun ...

Noch seitenlang könnte ich hier von dieser wunderbaren Einrichtung schwärmen. Allein – Tina hat dort keinen Platz erhalten. Der Eichhof ist ausgebucht und die Warteliste ist lang.

Und ich weiß, dass ich nicht die einzige bin, die heimlich darauf hofft, auf eine Elterninitiative zu treffen, die vielleicht eines Tages ... na, Sie wissen schon, wovon ich träume. Es muss ja nicht zwingend unter dem anthroposophischen Überbau sein. Auch andere Einrichtungen – Josefs-Gesellschaft, Caritas, Hephata, um nur einige Beispiele zu nennen, die in kirchlicher Trägerschaft sind – basieren meist auf umfangreicher elterlicher Initiative.

Fazit: Von selbst entstehen keine Vorzeigeeinrichtungen.

Klingt hart, ist aber so.

Wir betroffenen Eltern haben oftmals keine Kraft (mehr), uns so grundsätzlich zu engagieren, weil wir vielleicht ausgebrannt sind oder ganz einfach mal wieder selbst in unserem

Leben vorkommen möchten. Aber das Resultat ist, dass wir uns mit dem Istzustand weitgehend zufriedengeben müssen. Wir schaffen es leider nicht, dass mehr Personal eingestellt wird. Im Grunde läuft alle Kritik auf diesen einen Punkt hinaus, denn alle Betreuer sind engagierte und von ihrer Tätigkeit überzeugte Leute.

8

ANARCHISMUS UND ZWANGHAFTIGKEIT

und wie man lernt, damit umzugehen

Ob man jemals herausfinden wird, was Autismus wirklich ist, warum es ihn gibt und ob eines fernen Tages ein ihm entgegenwirkendes Medikament entdeckt oder entwickelt wird, wage ich zu bezweifeln. Es bleibt also nichts anderes übrig, als mit dieser Besonderheit umgehen zu lernen. Es gibt endlos viele Definitionen und Spielarten von diesem Erscheinungsbild. Forscher und Autisten beschreiben Autismus als »angeborenen abweichenden Informationsverarbeitungsmodus, der sich durch Schwächen in sozialer Interaktion und Kommunikation sowie durch stereotype Verhaltensweisen und Stärken bei Wahrnehmung, Aufmerksamkeit, Gedächtnis und Intelligenz zeigt«.[9]

---

9   http://de.wikipedia.org/wiki/Autismus.

Aktuell gilt lediglich als widerlegt, Autismus sei eine Folge der Gefühlskälte vonseiten der Mutter – das autistische Kind demnach Opfer einer sogenannten Kühlschrankmutter. Ein vernichtendes Urteil aus vergangenen Zeiten, das sicherlich vielen Müttern Unrecht getan hat.

Über die unterschiedlichen Ausprägungen kann man in allen Einzelheiten in der Fachliteratur lesen. Es gibt viele verschiedene Symptome, und Menschen mit einer Autismus-Spektrum-Störung (ASS) werden unterschiedlich dadurch beeinträchtigt. Generell sind Autisten nicht weniger intelligent als andere Menschen. Freilich gibt es auch Autisten mit einer geistigen Behinderung. Dass einige in Teilbereichen sogar besonders begabt sind, wurde vor allem durch den Spielfilm *Rain Man* (mit Dustin Hoffman und Tom Cruise) bekannt. Dustin Hoffman verkörpert darin eindrucksvoll Raymond, der sich durch ein geniales Gedächtnis auszeichnet – tatsächlich vefügen manche Autisten über eine Inselbegabung. Raymond ist zugleich aber nicht in der Lage, seinen Alltag alleine zu organisieren oder von verinnerlichten Abläufen abzuweichen.

Berichte über unterschiedliche Formen von Wahrnehmungs- und Sozialstörungen gibt es in allen Varianten. Für mich gilt: Jeder Mensch ist einzigartig.

Die von Autismus geprägten Menschen, die ich kenne, sind deutlich besonders, und damit bin ich zurück bei meiner besonderen Tochter. Ihre Inselbegabung, wenn man es denn so nennen will, zeigte sich bereits im Kleinkindalter: Tina stößt sich niemals. Es macht ganz den Eindruck, als sei sie mit unsichtbaren Antennen ausgestattet, weil sie bereits als Kleinkind unter dem Tisch sitzend und unvermittelt aufstehend noch nie irgendwo angestoßen ist – vor allem für kleine Kinder äußerst untypisch, weshalb diese Eigenschaft sofort auffiel. Auch sortierte sie von Anfang an die bunten Teile eines großen Schaumstoffpuzzles in der Reihenfolge der Regenbogenfarben. Zum ersten Mal mit etwa drei bis vier Jahren. Wir wären gar nicht auf die Idee gekommen, ihr so etwas wie eine Farbreihenfolge vorzumachen, geschweige denn unsere Tochter auf die Abfolge der Spektralfarben des Regenbogens zu konditionieren.

Tina gehört zu denen, die unbedingt und unter allen Umständen Dinge tun müssen, die zu ihrem speziellen Gesamtkonzept gehören, wie zum Beispiel einen einmal eingeschlagenen Weg nicht wieder zu verlassen oder genau diesen Weg für ihre Rückkehr einzuplanen. Keine Chance auf eine Alternative – vielleicht einen Spazierweg außerhalb des Viertels, wenn man zuvor eine Straße *durch* das Viertel genommen hat. Oder wenn man ein Haus betreten will, das man auf einem ihr bekannten Weg bislang nicht betreten hat. Menschen wie Tina brauchen feste Strukturen, Fixpunkte, die ihnen Sicherheit geben. Genauso hat der Alltag zu laufen – und nicht anders. Genauso kenne ich es und ich kann und will es nicht anders, lautet ihr Programm. In dieser Weise ordnen sich ihre Gedanken und bringen eine feste Struktur in Alltagsabläufe.

Warum zu Tinas persönlichem Repertoire das Zerwerfen von Glas und Porzellan gehört, bleibt ihr Geheimnis. Vielleicht hat sie als Kleinkind ganz einfach der Effekt fasziniert: Es scheppert, was gut zu hören ist und also ihre Wahrnehmung anstößt, genauso wie die Scherben, die binnen einer Sekunde überall herumliegen. Alle kommen angerannt und unternehmen etwas, das Leben mausert sich zu einer kleinen Veranstaltung – extra für sie. Möglicherweise war es das, was ihr Kleinkindgehirn gelernt hat. Und nun sorgt ihr Anderssein dafür, dass es immer wieder genauso ablaufen muss, obwohl

Tina natürlich weiß, dass sie sich damit nur Ärger einhandelt. Denn sie muss dabei helfen, die Scherben aufzukehren und den Schmutz zu beseitigen, wenn zum Beispiel noch Getränkereste im Glas, in der Flasche, der Tasse waren. Der Ablauf ihres Zerstörungsprogramms hat sich lediglich um eine Komponente erweitert: Tina gebärdet *Quatsch machen,* droht sich selbst mit dem Finger und schreitet erst dann zur Tat. Manchmal lacht oder grinst sie schelmisch, bevor sie loslegt. Ein andermal ist sie völlig ernst bei der Sache. Der Effekt ist immer derselbe: Es knallt – Dinge gehen kaputt.

Eine Betreuerin aus dem Wohnheim hat beobachtet, dass Tina manchmal jammert und/oder mit sich selbst schimpft, bevor sie etwas zerstört. Konkret: sich drohen, jammern, Glas oder ähnliches in reflexhafter Schnelligkeit greifen und hinwerfen. Der Ablauf erfolgt so rasend schnell, dass es scheppert, bevor man kapiert, was da eigentlich abläuft, geschweige denn einschreiten kann.

Die Betreuerin interpretierte Tinas Jammern auf eine neue Weise: Tina möchte eigentlich gar nicht zerstören, sie kann aber nicht anders. Eine Tasse steht unbenutzt auf dem Tisch und zack...

Geschirr und Glas scheinen etwas Manisches auf sie auszuüben, weshalb sie unbedingt Chaos stiften muss, und nun stellt sich die Frage, wie man diesen Ablauf durchbricht. Die Betreuerin entschied: Tina kommt nächstes Mal mit, wenn die Wohngruppe Pizza essen geht – aber nicht mit freien Händen.

Gleich beim Betreten des Restaurants ergriff die Frau beide Hände von Tina und ging mit ihr zusammen auf eine wegen der Maßnahme etwas holprige Weise bis an den Tisch. Tina fand das offenbar lustig, denn sie lächelte. Auf ihrem Platz drehte sie wie gewohnt ihren Judogürtel, bezog die Betreuerin in das Drehspiel ein. Diese befasste sich mit Tina, bis das Essen kam. Die Pizza wurde für Tina extra auf einem Holzbrett serviert, das Lokal nach dem Bezahlen wieder in dergleichen Weise verlassen: Mit Tinas Händen in denen der Betreuerin.

Nach diesem Erfolgserlebnis wollten wir endlich auch noch einmal mit Tina irgendwo einkehren. Eine aufregende Angelegenheit, denn immerhin lagen im Zusammenhang mit Tina fünf Jahre kulinarische Abstinenz hinter uns. Start sollte ein ihr bekanntes Eiscafé in der Nähe des Wohnheims sein. Auch wir griffen beide Hände, sobald wir das Café betraten. Unsere Aneinanderreihung hatte sicherlich etwas Merkwürdiges, aber wir waren fest entschlossen, das Experiment durchzuziehen. Zum Glück waren wir in schrägen Auftritten mit unserer Tochter einigermaßen geübt.

Sofort nach dem Hinsetzen bekam Tina ihren Judogürtel ausgehändigt. Sie hatte zu tun und musste nicht blitzschnell an den Nachbartisch stürzen und dort abräumen – auf ihre spezielle Weise, versteht sich.

Inzwischen verlaufen solche Events schon ziemlich locker. Beim Betreten des Gebäudes drücken wir Tina in eine Hand ihren kleinen Rucksack, der wegen der Ersatzwindelhose und dem Judogürtel immer dabei ist, die andere Hand hat einer von uns fest im Griff. Auf dem Sitzplatz darf sie umgehend den Judogürtel auspacken und das Endlosspiel beginnt: Zum Beispiel fädele ich ein Ende des Gürtels zwischen der Armlehne meines und einer ihres Stuhls ein, ziehe es zu mir und rolle es auf, während Tina das andere Ende locker abspulen lässt, um den Ablauf anschließend auf ihrer Seite rückgängig zu machen. Ihre Hände haben zu tun. Sie müssen nichts auf den Boden werfen. Apfelschorle oder Limo gibt's in einem unkaputtbaren Becher, Waffel oder Kuchen auf einer Pappunterlage, Eis in einem Plastikschälchen. Unsere Kaffeetassen führen derweil auf der Fensterbank außerhalb von Tinas

Reichweite ein vergleichsweise sicheres Dasein. Ist der Tisch groß, dürfen sie am Rand stehen – jedenfalls weit genug von Tinas Aktivitäten entfernt. Unsere Kuchenteller halten wir fest in der Hand. Sobald wir aufgegessen haben, bringt einer von uns die leeren Teller zum Tresen, der andere bleibt dicht neben Tina sitzen.

Inzwischen hat unsere Anspannung deutlich nachgelassen. Doch – wir haben's im Griff. Meistens jedenfalls. Ein gutes Gefühl. Und wir können endlich wieder mit unserem besonderen Kind irgendwo einkehren...

Nur einmal haben wir uns gründlich verkalkuliert, als wir gemeinsam mit Tinas Reittherapeutin in Bad Münstereifel in dem reizenden *Café T* eingekehrt waren beziehungsweise uns in Anbetracht des schönen Spätsommerwetters im Außenbereich niedergelassen hatten. Wir besprachen dies und das, als Tina in der ihr eigenen Plötzlichkeit den Judogürtel losließ und mit geübter Handbewegung Rosis Kaffeetasse gezielt umfegte. *Befasst euch gefälligst mit mir, wenn ihr mich besucht,* lautete die eindeutige Botschaft. Scherben und Kaffee richteten um uns herum eine ziemliche Schweinerei an. Klar, dass die Leute guckten. Nicht wirklich böse, aber eben erstaunt.

Okay, Tina, wir haben verstanden.

Der nette Inhaber hatte zu allem nur ein mildes und verzeihendes Lächeln auf Lager. Danke! Klar, dass wir uns mit einem umfangreicheren Trinkgeld revanchiert haben.

Trotz dieses Malheurs sind wir mittlerweile ziemlich locker bei der Sache, observieren aber jede Lokalität zunächst ohne Tina. Im Klartext bedeutet das, dass einer von uns mit Tina draußen bleibt und eine kleine Runde dreht, während der andere die Lage sichtet. Wenn dort zu viel *Geschmück* steht, also Deko-Kram der kaputtbaren Sorte, kommt das Etablissement für uns nicht infrage. Außerdem benötigen wir natürlich einen eigenen Tisch für uns, schon damit sich Tina nicht den Kuchen anderer Gäste schnappt. Man muss das Schicksal ja nicht über die Maßen herausfordern...

Erst mit jemandem wie Tina fällt auf, was für ein Zeug mancherorts aufgebaut ist, um einem Raum eine spezielle Art von Gemütlichkeit oder Image zu verpassen: Porzellanpuppen, Miniaturschiffe, Leuchttürme aus Gips, Stehrahmen mit mehr oder minder geschmackvollen Bildern mit und ohne Ahnen oder Fotos des Unternehmensgründers, Öllampen in allen Varianten, Vasen mit echten und künstlichen Blumen, Tassen und Tässchen auf Spitzendeckchen führen auf Fensterbänken, Tischen und in Nischen ein eigenes Dasein. Alles in allem Dinge, die die Menschheit nicht braucht – schon gar nicht mit einem »anderen« Kind im Schlepptau.

Sollten Sie, liebe Leserin, werter Leser, das Problem haben, sich von kunstvollen Erbstücken wie einer besonders hässlichen Vase, einem schweren Kristallglaspokal aus der großelterlichen Erbmasse oder einem Service aus den Gründerjahren – ohne Frage wertvoll – aus Pietätsgründen nicht trennen zu können: Laden Sie uns ein. Tina löst das Problem umgehend. Auf sie ist Verlass...

9

BLUMENKOHLOHREN UND ZAHNÄRZTE

Wenn Sie ein Fan vom Boxen und vor allem vom Ringen sind, ist das Wort *Blumenkohlohr* für Sie vielleicht nichts Besonderes. Der Boxer kriegt eins aufs Ohr – eins? Nein: hunderte. Der Ringer wird, sobald sich die Gelegenheit bietet, in den Schwitzkasten genommen. Ohrenträchtige Sportarten sind das. Die Ohrmuschel bekommt nämlich durch die Quetschungen jede Menge Blutergüsse, die die gleichmäßige Nährstoffversorgung des Knorpelgewebes verhindern. Das Außenohr wird dick, schwillt weiter an, bis es seltsame Blüten treibt. Ganz wörtlich genommen: Am Ende sieht es ähnlich aus wie ein klitzekleiner Blumenkohl. Verständlich, dass das Ringen aus der olympischen Disziplin entfernt wird. Allerdings sucht man nach der eigentlichen Begründung vergebens: Blumenkohlohren…

Nein – mein besonderes Kind boxt und ringt nicht – allenfalls mit sich selbst: Tina hatte eine Phase, in der sie sich heftig attackierte. Ohne irgendeine Art von Vorankündigung schlug sie sich von hinten ausholend gegen ein Ohr. Immer wieder, immer häufiger. Und leider mit voller Kraft.

Der Anruf des Wohnheims sorgte dafür, dass mich einmal mehr die Verzweiflung in den Griff nahm: Warum schlägt sie sich? Warum dermaßen heftig, dass ihr Ohr entstellt wird? Wie kann man das bloß stoppen? Was passiert jetzt mit dem gepeinigten Ohr?

Seit Tinas kreisrundem Haarausfall, dessen Kommen und Gehen ich in meinem ersten Buch über sie beschrieben habe, dachte ich, mich könnte nichts mehr wirklich schocken.[10] Welch ein Irrtum! Dass so ein fettes Ohr dermaßen auffällt, hätte ich nicht für möglich gehalten. Tinas langes Haar muss zum Pferdeschwanz gebunden werden, weil es ihr sonst ständig ins Gesicht fällt. Da steht so ein Blumenkohlohr arg heraus und zieht magnetisch alle Blicke auf sich. Keine Ahnung, warum Boxer und Ringer ein solches Ohr freiwillig einkalkulieren.

Tina sah schlimm aus. Den Ärzten, denen man Tina, genau genommen ihr Ohr, vorgeführt hatte, rieten dringend zu einer Operation. Nun ist »Tina und Ärzte« ein Reizthema, weil sie weder freiwillig eine Praxis betritt noch sich umfassend untersuchen lässt, von einer örtlichen Betäubung ganz zu schweigen. Mir standen also wieder einmal schwierige Wege bevor. Im Endeffekt haben es alle Beteiligten geschafft, vom Arzt über einen Anästhesisten bis zu einem passenden Operateur, Tina, mit zwei Begleitpersonen vom Betreuerstab mühsam ins Krankenhaus verfrachtet, von dem hässlichen Blumenkohlgeschwür zu befreien. Die Nähte lösten sich auf, das Ohr kam

---

10 Doro May, *Meine besondere Tochter – Liebe zu einem Kind mit Behinderung*, Augsburg 2010.

wieder frei, machte einen ganz manierlichen Eindruck – und meine andere Tochter schlug sich ab sofort auf das bislang heile Ohr.

Ich hatte es befürchtet – denn so eine OP kuriert ja nur die Symptome. Was die Ursachenforschung anbelangte, tappten wir im Dunkeln. Warum war Tina autoaggressiv? Wie konnte man herausfinden, was sie dazu trieb? Wer konnte helfen?

Inzwischen sah das zweite Ohr blumenkohlförmig aus. Einfach grässlich.

Die Hausärztin wusste nicht weiter, die Betreuer sahen keinen greifbaren Grund für Tinas Verhalten und ich war ebenfalls am Ende meiner Kunst. Kein Schmusen, kein nach Hause holen, kein Kümmern half. Tina schlug zu und auch das andere Ohr wuchs beachtlich.

Logisch, dass ich ähnlich verzweifelte wie damals, als Tina kreisrunden Haarausfall hatte und ganz schrecklich aussah. Ihren Kopf zierte nur noch ein lächerliches Haarkränzchen und den Hut, den sie aufziehen sollte, um ihre Mitmenschen nicht zu erschrecken, warf sie immer wieder ab: Auf den Boden, über einen Zaun, in Pfützen. Keine Salbe und kein Hautarzt konnten helfen.

In Norddeutschland ist es auch heute noch mancherorts üblich, einen Besprecher oder Heiler aufzusuchen. Das Heilwesen wird dort als besondere Gabe eines Menschen betrachtet und gewürdigt und nicht als esoterischer Zauber abgekanzelt. Trotzdem kommt es mir als Westfalin echt schräg vor und es passt auch nicht in mein von Realismus und protestantischem Elternhaus geprägtes Weltbild. Heute würde ich sagen: Ich muss wohl sehr verzweifelt gewesen sein und von Ohnmachtsgefühlen geschüttelt, dass ich nach jedem Strohhalm griff – also auch nach diesem. Bei der Besprecherin, einem alten, überaus freundlichen Frauchen, dessen Domizil an ein

Hexenhäuschen erinnerte, warf Tina als Erstes einen Briefbeschwerer durch die Gegend. *Besprechen* war offenbar nicht ihr Ding. Meins normalerweise auch nicht. Und die Haarwurzeln machten sich offenbar auch nichts aus dem Hokuspokus.

Der Heiler, den wir der Vollständigkeit halber auch noch aufgesucht hatten, erklärte uns, dass man bereits, als er noch ein Kind gewesen sei, bei ihm festgestellt habe, welche ungeheure Wärme oder gar Hitze von seinem Körper und vor allem von seinen Händen ausgehe. Er habe da wohl offenbar eine besondere Gabe in die Wiege gelegt bekommen. Es könne allerdings sein, dass sich unsere Tochter weg ducke, sobald er mit seinen Händen in die Nähe ihres nunmehr fast kahlen Kopfes käme, weil sie die von ihm ausgehende Temperatur nicht ertragen könne. Und genau dies geschah: Tina hielt nicht still und duckte sich weg.

Ich möchte nicht verschweigen, dass besagter Heiler nach unserem dritten Besuch in aller Freundlichkeit meinte: »Tut mir leid, aber ich kann Ihrem Kind nicht helfen.«

Von seiner Ehrlichkeit beeindruckt, gestand ich mir ein, dass ich auch nichts anderes erwartet hatte und dass es keinen Zweck hat, Wege zu betreten, die nicht die meinen sind.

Ich kann es also niemandem empfehlen.

Zwangsläufig übte ich mich nun darin, Tinas haarlosen Zustand zu akzeptieren. Ohnehin liebte ich sie auch ohne Haare, muss aber zugeben, dass ich darunter litt, dass meine hübsche Tochter nun so entstellt durchs Leben gehen sollte.

Nun also hässliche, entstellende Blumenkohlohren.

Meine innere Stimme signalisierte: *Dir bleibt wirklich nichts erspart.* Meine Laune war dementsprechend mies.

Wie damals bei besagtem kreisrunden Haarausfall, den keine Salbe, kein Hautarzt, kein Internist hatte stoppen können, richtete sich mein Hilferuf letztendlich an einen versierten Heilpraktiker. Schon bei Tinas zwangsläufiger Enthaarung kam von homöopathischer Seite die entscheidende Therapie (siehe unten).

Walter Giesler hatte noch nie ein behindertes Kind behandelt und war nicht nur sofort dazu bereit, sondern fühlte sich von der schwierigen Situation geradezu herausgefordert. Eine Patientin, mit der man nur nonverbal kommunizieren konnte! Bei einer solchen Situation würden von vornherein alle Vorbehalte und Unterstellungen vonseiten der Forschung wegfallen, die Erfolge des Heilpraktikers seien ausschließlich darauf zurückführen, dass sich jemand im Vergleich zum klassischen Mediziner intensiver mit seinen Patienten befasse. Dazu gehört in erster Linie eine umfassende Anamnese, ausführliche Gespräche und dergleichen mehr. Herr Giesler beherrscht keinerlei Gebärdensprache – Gespräche konnte man also abhaken.

Der Heilpraktiker fuhr mit uns die 80 Kilometer zum Wohnheim und beobachtete Tina einen kompletten Nachmittag. »Sie will aus sich heraus und kann es nicht. Das muss schrecklich sein«, sprach der Fachmann Naheliegendes aus. Er gab uns einen homöopathischen Trunk in einer Flasche, die man in Tinas Wohnheim mit den Worten im Medikamentenschrank einschloss, es sehe aus wie Trinkwasser, da könne es passieren, dass ein durstiger Bewohner die Flasche auf einen Zug leere. Die Betreuer stehen der Homöopathie recht aufgeschlossen gegenüber, also erhielt Tina ab sofort jeden Tag die vom Heilpraktiker verordnete Dosis.

Ja – ich weiß, Homöopathie ist alles nur Einbildung, kann nicht helfen, ist nicht bewiesen. Ich kenne das komplette Spektrum, wie und weshalb man diese Zunft belächelt (siehe oben).

Damals, als ich Tina wegen Alopecia, so der Fachbegriff für den kreisrunden Haarausfall, vor meinem geistigen Auge schon mit Vollglatze durchs Leben gehen sah, wuchsen ihre Haare wieder, nachdem ihr eine Heilpraktikerin spezielle Tropfen verordnet hatte. Dieses Mal wurde Tina allmählich ruhiger, bis sie ganz damit aufhörte, sich zu schlagen. Auf das geschwollene Ohr kam Salbe – ich wollte nicht schon wieder eine OP in Vollnarkose. Das Ohr hatte ein Einsehen und schwoll freundlicherweise von alleine wieder auf seine ursprüngliche Form ab. Ungelogen: Es sieht aus wie vorher. Ohne OP.

Ich kann wieder Blumenkohl zu mir nehmen, ohne an Ringerohren zu denken, und Tina sieht genauso hübsch aus wie früher.

Irgendwann muss jeder Mensch in unseren Breiten zum Zahnarzt. Mit Tina hatten wir das lange und oft eingeübt. Auch die Mitarbeiter aus dem Wohnheim übten weiter. Wir besuchten also in regelmäßigen Abständen den Zahnarzt, der sich mit unserer Tochter größte Mühe gab.

Das Ergebnis sah so aus: Tina sprintete ins Behandlungszimmer, warf sich in den Stuhl, schob sich den kleinen Zahnspiegel kurz in den Mund, warf ihn durch den Raum, drückte auf den Wasserspender, trank einen Schluck aus dem Plastikbecher und schüttete den Rest Wasser mit Schwung nach Irgendwo, warf den Becher hinterher, sprang wieder auf und ging. Sie benötigte dafür kaum zwanzig Sekunden. Jeder Griff saß. Wir hatten ja alle mit ihr geübt. Genauere Untersuchung? Gar der Anflug einer Behandlung? Fehlanzeige.

Vor einigen Jahren hatten wir in einer Anästhesiepraxis, die man uns wärmstens empfohlen hatte, erlebt, wie Arzt und

Schwestern Tina wie ein gehetztes Tier eingefangen hatten und ihr der Anästhesist mit Gewalt die Maske zwecks Lachgaszufuhr auf den Kopf gedrückt hatte. Danach fand die zahnärztliche Behandlung statt.

Dieses Erlebnis fällt bei mir unter Trauma.

Also machten wir uns auf die Suche nach einer Praxis, die auch in Narkose – bitte auf verträgliche Weise und nicht als Verfolgungsjagd auf ein vor panischer Angst wild gewordenes Opfer – behandelte. Als wir endlich die Praxis gefunden zu haben glaubten, weil man dort schon oft behinderte Leute in Vollnarkose behandelt und somit einschlägige Erfahrungen hatte, musste ich in meiner Eigenschaft als Betreuerin erneut vorstellig werden und mit Tina und einem Mitarbeiter des Wohnheims zu einer weiteren Vorbesprechung. Das hieß für mich, jeweils 80 Kilometer pro Strecke zurücklegen und logischerweise frei nehmen. Der Arzt warf einen kurzen Blick auf seine Unterlagen und hörte sich von mir an, dass meine Tochter auf Diazepam, ein Psychopharmakon zur Behandlung von Angstzuständen und als Schlafmittel im Einsatz, gegenteilig reagiere, also ganz und gar nicht ruhig von dem Zeug würde, was ich gleich bei der ersten Vorbesprechung in der Praxis zu Papier gebracht hatte. Auf meine Ausführung hin sah er in Richtung Tina. Eine Pause entstand. Dann zuckte er mit den Achseln und sprach gelassen die Worte: »Das tu ich mir nicht an.«

Okay – ich liebe es, dreimal zwischen Aachen, Euskirchen und Köln hin- und herzupendeln, Tina einzusammeln, sie von hier nach dort zu befördern, immer in der Hoffnung, dass sie doch bitte, bitte mit in das Haus käme, in dem der elegante Zahnarzt logierte, um diesem grandiosen Satz zu lauschen: »Das tu ich mir nicht an.«

So kann es gehen, wenn man mit einem ungewöhnlichen Patient der besonderen Art verwandt ist.

Wieder zu Hause, trank ich einen Beruhigungsschluck, auch mehrere, stellte meine Rachephantasien ein und plante, der Reihe nach die Aachener Krankenhäuser anzurufen, die über eine Zahnklinik verfügen. Was blieb mir anderes übrig? Als erstes nahm ich mir das Marienhospital vor, weil es nicht weit von uns gelegen ist. Vielleicht ahnen Sie schon, dass nach so viel Stress wieder mal ein Wunder fällig war. Ich wurde umgehend mit der zahnklinischen Abteilung verbunden, denn es sei alles kein Problem, weil es im Hause eine Ärztin gäbe, die schon lange Menschen mit Behinderung behandelte. Am besten sollte ich einen Termin mit ihr machen. Logisch, dass man nach diversen Erlebnissen der frustrierenden Art zunächst dem Braten nicht traut.

Die Ärztin erzählte mir als erstes von ihrem besonderen Bruder, der dafür gesorgt habe, dass sie einschlägige Erfahrungen mit den Bedürfnissen anderer Leute habe sammeln können. Deshalb habe sie sich nach ihrem Medizinstudium auf besondere Patienten spezialisiert und das schon lange. Schwierige Patienten? Kein Problem – bisher hätte es noch immer geklappt.

Meine Blicke dürften mit *ungläubig* nur vage beschrieben sein.

Tina kam gleich morgens als Erste an die Reihe, weil sie den Beruhigungstrunk postwendend ausgespuckt und den Pfleger mit einem Tritt bedacht hatte. Also kutschierten wir sie auf dem Krankenhausbett sitzend zum OP, wo bereits Anästhesist, Ärztin und jede Menge Krankenschwestern auf uns warteten. Nein, man kann bei unserer Tochter keine Leitung legen – sie würde keine Kanüle zulassen. Nervös, wie ich war, sagte ich diesen Satz anstelle einer brauchbaren Begrüßung. Und vermutlich nicht nur einmal.

»Das haben wir in Ihrem Bericht gelesen«, sagte ein freundlicher Mann und hielt etwas hinter seinem Rücken verborgen. »Es muss jetzt alles sehr schnell gehen – aber machen Sie sich keine Sorgen.«

Das Personal näherte sich Tinas Bett, streichelte sie, während ich neben ihr saß. Mit gezielten Griffen hielt man sie blitzschnell fest, der Anästhesist holte die Spritze hinter seinem Rücken hervor und innerhalb von Sekunden war die Sache vorüber. Ich saß immer noch neben Tina, die man sofort wieder losgelassen hatte. Vor lauter professionellem Handeln im Zeitraffer hatte sie glatt vergessen, sich zu wehren. Sie wurde schnell müde und apathisch, man schob sie in den Operationsraum und mein Mann und ich wurden Kaffeetrinken geschickt.

Eine gute halbe Stunde später durfte ich in den Aufwachraum, was eigentlich nur dem Personal erlaubt ist. Ich saß also an Tinas Bett, sie wachte neben mir auf, bekam schon bald etwas zu trinken und alles war gut. Die Schwestern, der Arzt, die Ärztin – alle schätzten meine Sorge und Anspannung richtig ein und hatten ein aufmunterndes Wort für mich. Ich erhielt für mein »anderes« Kind einen Anästhesiepass, damit das Prozedere beim nächsten Mal gleich wieder in den verträglichen Bahnen verlaufen könne. Da Tina ohnehin kein Karies hätte und nur der Zahnstein entfernt worden sei, wäre eine weitere Grundsanierung mit Narkose vorläufig unnötig. Wir hätten also erst einmal ein paar Jahre Ruhe.

Man verabschiedete uns überaus freundlich und beinahe liebevoll.

Geht doch!

10

WENN DIE KRAFT NICHT REICHT

oder:
Was geschieht mit einem behinderten Kind,
wenn die Eltern es nicht wollen?
Und was, wenn Eltern selbst behindert sind?

Karina gehört zu den interessanten Menschen, deren Weg sich aufgrund meiner besonderen Tochter mit meinem nicht nur kreuzte, sondern ganz wesentlich dieselbe Richtung einschlug. Ihren Pflegesohn Uli lernte ich kennen, als Tina noch nicht in die Schule für hör- und wahrnehmungseingeschränkte Kinder ging, sondern in eine Schule für Geistig Behinderte. Dort war Uli ihr Klassenkamerad und so begegnete ich bald seiner Pflegemutter und wir wurden Freundinnen.

Warum tut sich jemand an, ein Kind wie Uli in Pflege zu nehmen?

Ich habe Karina gefragt. Ihr Werdegang zu einer der toughesten Pflegemütter des Kontinents fand ich dermaßen spannend, dass ich Ihnen, liebe Leserinnen und Leser, diese Geschichte nicht vorenthalten möchte.

Als Sozialpädagogin hatte Karina in einem Kinderheim ein einschneidendes Erlebnis: Ein Baby mit Down-Syndrom war dort abgegeben worden, das für alle Heiminsassen einschließlich der Pädagogen zum Sonnenschein wurde. Nach einem Jahr musste der kleine Junge in ein Heim für Kinder mit Behinderung. Noch vor etwa 25 Jahren kamen nämlich alle besonderen Kinder, die nicht zu Hause aufwachsen konnten, in ein solches Heim. Der zwanghafte Wechsel des Jungen, der sich prächtig in dem Kinderheim eingelebt hatte, war eine sehr traurige Angelegenheit – aber Heim ist eben nicht gleich Heim. Das Gesetz sah für *andere* Menschen eben auch *andere* Heime vor. Nach einem Jahr im Heim verstarb der kleine Junge.

Aufgrund dieses Erlebnisses hat Karina nach dem ersten eigenen Kind ihre Stelle als Heimerzieherin aufgegeben. Begründung: Sie nimmt zwei Pflegekinder auf und zieht sie zusammen mit ihrer leiblichen Tochter groß. Das Besondere daran ist: Es handelt sich um besondere Kinder. Sie wollte den beiden außerhalb von Heimen eine Chance geben: auf Familie, Nestwärme und alles, was dazugehört.

Hierzu muss man wissen, dass es erst seit den 80er Jahren überhaupt möglich ist, behinderte Kinder als Pflegeeltern aufzunehmen. Bis zu diesem Zeitpunkt waren ausschließlich Heime für sie zuständig; die bekannteste Einrichtung sind wohl die von Bodelschwinghschen Stiftungen Bethel in Bielefeld.

Karina klärte mich über den Vorgang auf: In Deutschland darf man sein behindertes Kind nicht einfach abgeben wie einen Hund, den man – aus welchen Gründen auch immer – nicht mehr haben möchte. Dem Jugendamt reicht allerdings im Allgemeinen ein sozialpädagogischer Grund wie Überforderung der leiblichen Eltern oder oftmals der allein erziehenden Mutter aus, um das Verfahren zur Heimunterbringung beziehungsweise seit den späten 80er Jahren auch die Suche nach einer Pflegefamilie in Gang zu setzen.

Michaela ist eins der beiden Pflegekinder von Karina. Ihr Lebensweg liest sich wie ein Krimi. Das Mädchen ist Tochter einer Frau aus dem Drogenmilieu. Das Kind hat laut Karina sieben Leben wie eine Katze. Als Säugling lag es unversorgt buchstäblich im Dreck, weil seine Mutter nicht in der Lage war, es zu versorgen. Sie hing an der Nadel. Wenn Michaelas Großvater eintraf, war er entsetzt, kümmerte sich kurzzeitig um die Kleine, besorgte Kinderbett und Kinderwagen. Bei seinem nächsten Besuch waren diese neuen Dinge wieder verschwunden. Michaelas Mutter hatte sie gegen »frischen Stoff« eingetauscht und das Baby lag wieder im Müll, schrie und hatte Ekzeme. Wieder schritt der Opa kurzfristig ein, brachte die Wohnung einigermaßen in Ordnung und schaffte Milchpulver und Fläschchen an, auch Strampler und erneut einen Kinderwagen. Die Mutter gelobte Besserung, fiel allerdings schon nach kurzer Zeit in ihr altes Verhalten zurück. Sie war drogensüchtig – Entziehungskuren brach sie ab. Das Baby lebte weiterhin unter unvorstellbaren Bedingungen. So hat der erst vierjährige Bruder Milchpulver und Wasser zusammengepanscht und die schreiende kleine Schwester damit abgefüllt, bis das Jugendamt dem Elend endlich ein Ende bereitete. Da war Michaela bereits zwei Jahre alt, konnte weder laufen noch sprechen und war stark untergewichtig. Ein Wunder, dass sie überlebt hat. Und natürlich keine besonders gute Voraussetzung für ihr noch junges Leben. Sie kam ins Heim und dann zu Karina.

Außerdem hat Karina Uli aufgenommen, als er noch ein Baby war. Uli ist das Kind aus einer Verbindung zweier Menschen, die aufgrund ihrer Behinderung nicht in der Lage sind, einen Säugling zu versorgen, geschweige denn einen Heranwachsenden zu erziehen. Inwieweit auch der kleine Junge die starken Beeinträchtigungen seiner Eltern in sich trägt, war anfangs noch nicht abzusehen.

»Wir dachten, wahrscheinlich wird es nicht so dramatisch, denn es erschien uns unwahrscheinlich, dass Uli von beiden ausgerechnet die Gene geerbt hat, die Ursache für ihre Behinderung sind.«

Aber bald stellte sich heraus, dass genau das passiert ist. Uli ist geistig stark beeinträchtigt und wird niemals eigenständig leben können.

Dank Karina hat er sich zu einem freundlichen und gut aussehenden jungen Mann entwickelt. Er hat erfolgreich eine Schule für Geistig Behinderte absolviert. Gemeinsam mit ehemaligen Mitschülern, die körperlich ähnlich fit sind wie er, beackert er in einer Gärtner-Gang unter Anleitung eines sozialpädagogisch geschulten Gartenbaumeisters Privatgärten und bringt sie zum Blühen.

Der Weg bis hierhin war steinig und es ist nicht abzusehen, dass sich das sobald ändert – denn Uli ist *nur* ein Pflegekind. Das bedeutet, dass Karina für alles und jedes die Antragskeule schwingen muss, damit für Uli wichtige Unterstützungen möglich waren und sind, denn es ist ein Unterschied, ob jemand ein *ordentliches* Familienmitglied ist, will sagen: ein leibliches Kind oder eben ein Pflegekind.

Da Ulis leibliche Mutter zwar behindert ist, aber nicht so stark, dass sie automatisch nicht als gesetzliche Erziehungsberechtigte infrage kam, musste Karina bei allen Anträgen Ulis Mutter kontaktieren, um eine Einwilligung einzuholen.

»Diese Anträge dürfen nicht älter als eine Woche sein«, redet sich Karina in Fahrt. »Ahnst du, was das bedeutet?«

Ich ahne es nicht.

Also klärt Karina mich auf. »Jedes Mal muss ich bei der leiblichen Mutter die Einwilligung zum Beispiel für die Notwendigkeit von Windeln auftreiben. Da Ulis Mutter geistig stark beeinträchtigt ist und auch sein Vater in einem Wohnheim für Menschen mit Behinderung lebt, musst du dir diesen Vorgang wie eine Veranstaltung vorstellen, denn die leiblichen Eltern begreifen überhaupt nicht, was ich von ihnen will.«

Auch wäre es für die leiblichen Eltern keineswegs selbstverständlich, den eigenen Nachnamen an eine bestimmte Stelle auf ein bedrucktes Blatt Papier zu schreiben. »Solche Prozeduren durchziehen meine gesamte Pflegemutterkarriere.«

»Puh!« Mehr fällt mir dazu leider nicht ein.

Leuten wie Karina gehört das Bundesverdienstkreuz angeheftet. Mindestens!

Michaela und Uli. Ihr Glück, in einer »richtigen« Familie groß werden zu dürfen, ist nicht hoch genug anzusetzen. Trotz ihrer schwierigen Startbedingungen haben sie sich im Rahmen ihrer Möglichkeiten gut entwickeln können. Michaela hat den Hauptschulabschluss geschafft, was nicht ganz einfach für sie war, und sucht nun eine Ausbildungsstelle. Für Uli muss noch ein passendes Wohnheim gefunden werden.

Interessant erscheint Karinas Selbstanalyse.

Aufgrund der Behinderung erhält man etwa den anderthalbfachen Satz der Unterhaltskosten dessen, was einem generell für ein Pflegekind zusteht. Diese ca. 1000 Euro klingen nach viel Geld, sind aber in der Realität rasch verbraucht, wenn man zum Beispiel berücksichtigt, dass Kinder wie Tina und Uli keine Minute alleingelassen werden können, was bedeutet, dass oft jemand engagiert werden muss – und sei es, weil man dringend mal zum Friseur möchte.

Ein wenig bitter sagt Karina, dass es Leute gibt, die ihr unterstellen, sie habe ihre behinderten Pflegekinder nur wegen des Geldes angenommen. Auf der anderen Seite gäbe es beispielsweise eine Frau, die für sie bei jeder Gelegenheit eine Kerze spendet, weil ihre Bekannte so Großartiges für Kinder wie Michaela und Uli leistet.

»Du bist Raffke oder Mutter Teresa für verstoßene Behinderte – je nach Blickwinkel des Betrachters«, sagt Karina. Etwas dazwischen gebe es nicht.

Die Geldgierige oder die Heilige. Wir müssen lachen.

11

MEIN JOB ALS BETREUERIN

Ich werde überprüft. Die offizielle Version lautet allerdings anders. »In dem Betreuungsverfahren ... soll verhandelt werden über die Frage, ob und in welchem Umfang die Hilfe durch einen Betreuer weiterhin erforderlich ist.«

Was soll das?, fragt man sich als unbedarfter Mensch. Tina hat einen Behindertenausweis, in dem ihre Behinderung mit 100 Prozent angegeben ist, außerdem ein »H« für hilflos sowie das »B« für »Notwendigkeit ständiger Begleitung«. Eine Kopie des Ausweises liegt dem Amtsgericht vor. Warum also eine neue Verhandlung über den Betreuungsstatus? Denkt vielleicht jemand, dass meine Tochter inzwischen gelernt hat, wie viel Cent ein Euro hat? Oder dass sie eigenständig einen Arzt aufsucht, wenn es ihr nicht gut geht? Gibt es wirklich jemanden im Familiengericht, der sich das so vorstellt?

In dem Anschreiben an mich steht außerdem: »Sollten Sie zu der genannten Zeit aus zwingenden persönlichen Gründen verhindert sein, geben Sie bitte sofort – möglichst telefonisch – Nachricht hierher, damit nötigenfalls ein anderer Termin abgesprochen werden kann.«

Worüber rege ich mich eigentlich auf. Schließlich hat man ein »bitte« einfließen lassen…

Ansonsten ist es ein Behördentext, wie er im Buche steht: Von »oben« nach »unten«. Und ich verkörpere das »Unten«. Der Beamtenstaat lässt vielmals grüßen. Von wegen, als Mutter im Zuge der Volljährigkeit des anderen Kindes sich einzubilden, man sei automatisch und lebenslänglich der juristische Betreuer seines Kindes, was früher »Vormund« hieß. Dabei war es ein langwieriges und mühsames Geschäft gewesen, diesen juristischen Betreuerstatus überhaupt zugesprochen zu bekommen. Zu Lebzeiten…

Ich rufe also an und lasse mich von der Justizobersekretärin mit dem zuständigen Richter des Familiengerichts verbinden, um ihm zu erklären, was er aus Tinas Behindertenausweis eigentlich wissen müsste und weshalb sich mir nicht die Notwendigkeit einer neuerlichen Verhandlung erschließt, da meine Tochter niemals normal werden würde.

Wow!

Der erzürnte Staatsdiener reagiert ungehalten und überaus kurz angebunden, erklärt, dass ich der Aufforderung unverzüglich Folge zu leisten habe, schließlich seien sieben Jahre vergangen. Ende der Durchsage.

Ich hab' es getragen sieben Jahr, und ich kann es nicht tragen mehr, fiel mir dazu spontan ein. Von wem war das doch gleich? Hm – egal. Ich schließe aus dem Telefonat, dass vermutlich in grauer Vorzeit ein fürsorglicher Beamter die magische Sieben für sich entdeckt hat. Und das wird der Grund sein, dass sich der gesetzliche Betreuer eben nicht nach vier oder fünf Jahren wie zur Bundes- bzw. Landtagswahl üblich neu beweisen muss, sondern nach sieben Jahren. Klingt ja auch viel poetischer.

Jedenfalls war mir spätestens nach dem Telefonat klar, dass es um mich geht. Komme ich weiterhin als Betreuer vor dem Gesetz infrage? Dabei habe ich jedes Jahr brav den Fragebogen ausgefüllt, den man mir geschickt hat, aus dem hervorgeht, wie oft ich wann und was für Tina und ihre Belange erledigt, entschieden, anberaumt habe. Das müsste das hohe Gericht doch freuen.

Da meine Tochter so schwer in öffentliche Gebäude zu bekommen ist – vielleicht teilt sie meine Behördenphobie –, erscheint der für Betreuungsverfahren zuständige Richter entsprechend der terminlichen Vereinbarung kurz nach mir im Wohnheim. Das Nummernschild des einzigen auf dem Wohnheimparkplatz stehenden Wagens ohne LVR-Aufdruck weist darauf hin, dass ich schon anwesend bin. Er wird wohl registriert haben, dass mein Auto nicht unter mega-mickrig, billig und abgewrackt zu buchen ist, ich nicht verwahrlost rüberkomme, sondern ganz passabel zurechtgemacht bin und auch Tina frisch gewaschen und vollständig angezogen einen gut versorgten Eindruck macht. Jedenfalls kommt der Mann deutlich freundlicher daher als bei unserem Telefonat, wenn auch nicht von gleich zu gleich – schließlich vertritt er die bundesdeutsche Gerichtsbarkeit. Das muss man als Mutter einsehen. Nach zwei Minuten sind wir mit den Formalitäten durch: Es bleibt alles beim Alten – logisch, was auch sonst? Und der Mann kriegt Kaffee und Kekse, die Tina ihm umgehend wegnimmt und ratz-fatz selbst futtert.

Warum verkauft man den Betreuer, noch dazu die leibliche Mutter der zu Betreuenden, eigentlich für doof? Warum kann das Amtsgericht nicht offen sagen, dass es im Sinne des zu Betreuenden notwendig erscheint, in regelmäßigen Abständen den Betreuer zu überprüfen, um Unregelmäßigkeiten zu vermeiden beziehungsweise zu erkennen und aufzudecken? Das wäre nicht nur nachvollziehbar, sondern eine völlig gesunde Sache, wenn man bedenkt, was alles für Geld gemacht wird – und sei es für 300 Euro im Jahr, die man als ehrenamtlicher Betreuer erhält. Zur weiteren Erklärung hätte man noch anfügen können, dass es gewissenlose Menschen gibt, die ihr Amt nicht ernst nehmen, den zu Betreuenden vernachlässigen oder krasse Fehlentscheidungen treffen.

Es geht um Verantwortung – ein großes Wort. Es gibt zahlreiche Eltern, die ihr behindertes Kind nicht nur räumlich, sondern auch in juristischem Sinn aufgegeben haben. Zum Beispiel lebt der Vater oder/und die Mutter in einer neuen Partnerschaft und will den neuen Partner nicht mit »Altlasten« überfordern – wie mit einem besonderen Kind. Da kommt es gut, dass man für seinen volljährigen Nachwuchs nicht mehr verantwortlich sein muss, wenn man das nicht möchte, sich nicht länger damit belasten mag oder sich eine weitere Versorgung in juristischen Angelegenheiten wie Geldgeschäften, ärztlicher Betreuung und dergleichen nicht (mehr) zutraut.

Dafür gibt es neben professionellen auch ehrenamtliche Betreuer, die schlicht aus Nächstenliebe und mitmenschlichem Verantwortungsbewusstsein ein solches Amt übernehmen. Juristisch klingt das wie folgt: Ein Betreuer erhält »unter gerichtlicher Aufsicht die Vertretungsmacht für einen Volljährigen (...). Sie dient dazu, Rechtshandlungen im Namen des Betreuten zu ermöglichen, die dieser selbst nicht (...)

vornehmen kann, und wird zeitlich und sachlich für entsprechende Aufgabenkreise beschränkt«.[11]

Michael ist jenseits der 50 und hat keinen Verwandten, der für ihn rechtliche Dinge regelt, gesetzliche Entscheidungen trifft, Geldgeschäfte nachhält, sich darum kümmert, dass für ihn alles zufriedenstellend läuft. Das hat schon vor Jahren ein netter Herr übernommen, dessen eigene Kinder längst erwachsen sind. Bei jedem Fest ist er zugegen, telefoniert hin und wieder mit dem Wohnheim, um sich nach Michael zu erkundigen, pflegt einen persönlichen Kontakt mit ihm und erfüllt ehrenamtlich die oben genannten Aufgaben eines gesetzlichen Betreuers. Michael strahlt immer, wenn er kommt, und es hat ganz den Anschein, als sei der Herr eine Art erwachsener Freund, der sich ihm verbunden fühlt und sich deshalb um seine Belange kümmert.

Ich war neugierig und wollte gerne wissen, aus welchem Anlass jemand einen solchen Job übernimmt. Also habe ich bei besagtem Herrn nachgefragt. Ähnlich wie bei meinen Recherchen zu Karinas Werdegang als Pflegemutter behinderter Kinder erfuhr ich auch hier eine spannende Geschichte.

Herr Tilling empfindet noch heute seine Mutter als großes Vorbild, die als Kriegswitwe ihre vier Söhne einschließlich einer abenteuerlichen Flucht aus Oberschlesien durch den Krieg und die Nachkriegswirren gebracht hat. Bei aller Not habe seine Mutter voller Engagement und Aufopferung den Söhnen ein heimeliges Zuhause geboten und für eine gute

---

11 http://de.wikipedia.org/wiki/Betreuung. Wer sich sachkundig machen möchte, kann dies unter dem Link
http://www.justiz.nrw.de/BS/formulare/betreuung/index.php.

Ausbildung gesorgt. Hierdurch habe Herr Tilling schon früh seine soziale Seite entdeckt.

Seine Schilderung ist fesselnd wie ein Krimi und gerne hätte ich die gesamte Geschichte in aller Ausführlichkeit hier zum Besten gegeben – *aber es geht ja um Betreuung*, ermahnt mich die leise innere Stimme.

Durch Zufall wurde Herrn Tilling die Betreuung von Menschen wie Michael von einer Dame aus dem Bekanntenkreis, einer ehemaligen Betreuerin, angetragen. Nach Einblick in die Tätigkeiten ergab sich die Übernahme von Michael und einiger weiterer, inzwischen verstorbener Personen innerhalb mehrerer Jahre.

»Meine Betreuung findet vornehmlich gemäß der vom Amtsgericht vorgegebenen Aufgabenstellung im administrativen Bereich statt – also Bank, Versicherung, Heim, Ärzte, Post und dergleichen«, erläutert Herr Tilling. »Persönliche Nähe kann sich (und hat sich teilweise) ergeben, wird aber von mir nicht forciert. Mein Betreuungsaspekt liegt also auf der Erledigung der Vorgänge, die vom Betreuten selbst nicht wahrgenommen werden können.«

Natürlich geht das Ganze nicht ohne eine Dokumentation ab. Schließlich sind wir in Deutschland. Hier Herrn Tillings Kurzfassung dazu:

»Das Amtsgericht fordert einen jährlichen Bericht, der insbesondere bei der Vermögenssorge detailliert über die Vermögensentwicklung Auskunft geben muss – Belege, Kontoauszüge und ähnliches.«

Wieder habe ich durch Tina in Herrn Tilling jemanden kennengelernt, der Verantwortung und Zeitaufwand ohne unmittelbar ersichtlichen persönlichen Nutzen einsetzt. So hat Michael Glück, denn er hat einen ehrenamtlichen Betreuer.

Es gibt viele Menschen, die auf einen hauptberuflichen Betreuer angewiesen sind. Dies ist ein rein administrativer Beruf. Ein professioneller Betreuer ist rechtlich für eine große Zahl zu Betreuender zuständig und kann somit kaum darüber hinaus gehende Kontakte pflegen.

Ach übrigens: »Archibald Douglas« heißt die Ballade mit dem poetischen Beginn, dass jemand sieben Jahre lang sein Schicksal ertragen hat und nun mit seiner Contenance am Ende angelangt ist. Die hochdramatische Handlung lohnt es sich zu googeln.

12

WARUM GIBT ES FÜR BEHINDERTE ERWACHSENE NUR KINDERKRAM?

Auf Tinas Bettbezug trötet Benjamin Blümchen, ihre Socken zieren merkwürdige Monster und die Puzzleteile zeigen herzige Kleintiere wie Hund, Katze, Hahn und Schwein.
Wie gesagt: Tina ist 27.
Bei Lisa ist es nicht anders. Auf ihren Socken sieht man am oberen Rand rosa Herzchen. Ihr Bett besticht durch Lillifee und sie betrachtet Bilderbücher mit plakativen Bauernhofmotiven.
Lisa ist jenseits der 30.
Löst Behinderung Kleinstkindassoziationen aus oder liegt das an der Hilflosigkeit, weil es ganz einfach nichts Passendes für besondere Mitmenschen gibt, die nicht lesen und/oder sprechen? Warum gibt es keine lebenspraktischen Motive, die zumindest an die Welt der Erwachsenen heranreichen? An *ihre* Welt: die der besonderen Menschen?

Grundsätzlich sollte man als Eltern darauf achten, dass der erwachsene Sohn/die erwachsene Tochter nicht mit Herzchensocken herumläuft und Benjamin Blümchen und Konsorten dahin verbannt werden, wohin sie – wenn überhaupt – gehören: in die Zimmer von Kindern im Vorschulalter, allenfalls der Grundschüler. Aber danach muss Schluss sein mit Micky-Maus-Motiven auf Strümpfen und Bettwäsche.

Besonders schwierig gestaltet sich der Schuhkauf, wenn ein erwachsener Mensch wie Tina mit Größe 34 auskommt. Da gibt's in der Hauptsache Mädchenschuhe in Rosa, gerne mit Blümchen oder Herzchen verziert. An Kleinstgrößen für die Dame ist schwer zu kommen. Außerdem handelt es sich meist um Pumps oder Bergschuhe. Ganz normale Sandalen oder Chucks in Größe 24 sind Fehlanzeige – jedenfalls in den einschlägigen Schuhgeschäften. Man muss schon sehr gründlich googeln, um fündig zu werden. Die Firma mit dem rasenden Känguru, um hier die direkte Werbung einmal schleichend zu umgehen, hat öfter akzeptable sportliche Laufschuhe, die nicht auf den ersten Blick ausschließlich für kleine Kinder durchgehen. Auch gibt es sogenannte Treckingsandalen von Sportfirmen für Jungen und Mädchen, bei denen man sich die Blümchen gespart hat.

Jeans für kleine, erwachsene Personen von etwa 1,50 Meter Größe muss man halt einen halben Meter kürzen. Leider stimmt dann die Beinproportion nicht mehr, wenn man eine modische Hose kauft, die keinen Schnitt der Marke Sackbeine hat, wo es eh egal ist, an welcher Stelle die Wade sitzen soll. Leute wie Tina benötigen Größe 36. Weil aber zumindest für Ausflüge eine Windelhose drunter passen muss, ist eine Jeans mit hohem Bund in Größe 38 zu empfehlen. Eine echte Herausforderung, wenn es sich um eine Hose handeln soll, an der nicht steht: »Für die Hausfrau ab 45 nach getaner Arbeit.« Wenn also die Hose nicht einen Gummibund hat, den man wahlweise über den Bauch ziehen kann oder der die Hose auch unterhalb des Nabels festhält, was dann von einem langen Oberteil – wiederum der Marke *Sack* – verdeckt würde. Der Beinschnitt entspricht dem gesamten Outfit solcher Freizeitmodelle: »Hier bin ich schlunzig, hier darf ich's sein.«

Wünschenswert wären Modelabels für Menschen mit Behinderung: Textilschnitte, die anpassungsfähig sind, ohne besondere Mitmenschen durch ihre Kleidung als Gezeichnete zu klassifizieren. Behindertengerechte Kleidung gibt es durchaus, aber sie ist auf die Bedürfnisse von Rollstuhlfahrern zugeschnitten oder kann ebenfalls unter dem Label »Ein Sack für alle Fälle« verbucht werden. Toll wäre auch ein Grundstock an Schuhen, die unter Verzicht von jeglichem Geschmück der Marke *Ich-komm-bald-in-die-Schule* bei sehr kleinen Größen beginnen und auch bei der Farbwahl in den richtigen Topf greifen – nämlich in denjenigen, der gerade angesagt ist. Für Erwachsene! Vielleicht ist es an der Zeit, dass wir Eltern uns in einem Forum (vielleicht auf Facebook) darüber austauschen, welche Alternativmöglichkeiten es gibt. Zum Beispiel, welche Firmen kleine, gut geschnittene Größen bei Kleidung und Schuhen anbieten, die zu einem angesagten Outfit beitragen können.

In diesem Zusammenhang hatte ich auch eine Buchidee: *Tina reitet* – so der angedachte Titel. Das Konzept stand bereits. Es sollte eine bebilderte Geschichte über den Umgang mit einem Pferd sein. Die Hauptpersonen: Tina, Rosi und Willy. Auch einen Fotografen hatte ich schon. Er hatte den Auftrag, Tina in sämtlichen mit dem therapeutischen Reiten in Verbindung stehenden Situationen und Abläufen zu fotografieren: vom Anlegen der Reitkleidung einschließlich des Helms über die Fahrt mit Rosi, die Tina immer im Wohnheim abholt, zur Pferdekoppel, dem Anlocken des Pferdes und Anlegen des Zaumzeugs bis hin zum Reiten und anschließenden Putzen, Füttern und Schmusen mit Tinas starkem Freund. Die Fotos sollten jeweils auf den rechten Seiten stehen, während links ein Text in einfacher Sprache zu lesen wäre. Unter jedem Satz wären die zentralen Wörter in Gebärden abgebildet. Eine interessierte Verlegerin hatte ich auch, doch sie konnte sich leider nicht zu diesem Projekt entschließen. So etwas rechne sich nicht, sagte sie – vor allem deshalb nicht, weil ihr kleiner Verlag über wenig finanziellen Freiraum für die Werbung verfüge. Außerdem: »Wer kauft schon so ein Buch?«

Ihr ist kein Vorwurf zu machen – vermutlich hat sie recht und die anderen müssen weiterhin zur Kleinkindlektüre greifen. Es sei denn, liebe Leserinnen und Leser, Ihnen fällt ein Verlag ein, der immer schon mal etwas Neues ausprobieren wollte...

Bitte lassen Sie es mich wissen.

Wir – der Verlag, ein Fotograf, ein Zeichner und ich – könnten dann auch gleich Puzzles entwerfen: mit Motiven aus dem Wohnheim, der Werkstatt und vom therapeutischen Reiten. Wir könnten außerdem ein spezielles Kochbuch herausbringen: *Tina isst* – und wo wir schon mal dabei sind, einen Fantasyroman in sehr einfacher Sprache schreiben – unterlegt mit Grundgebärden und leicht verständlichen Zeichnungen. Für Erwachsene!

13

BEHINDERTE MENSCHEN PFLEGEN – WARUM WÄHLT JEMAND EINEN SOLCHEN BERUF?

Durch Tina habe ich Frau Rodert kennengelernt. Sie arbeitet seit etwa 25 Jahren in unterschiedlichen Einrichtungen für besondere Menschen und kennt meine Tochter seit dem elften Lebensjahr.

Eigentlich wollte sie Kinderkrankenschwester werden, hat aber schon im Praktikum gemerkt, dass das Pflegerische und das Umsichtige, sie nennt es *Alles-im-Blick-Haben*, für sie das Richtige wäre. Ab und an waren im Klinikum behinderte Kinder, die mehr Aufsicht, mehr Versorgung, mehr Einfühlungsvermögen nötig hatten als andere.

»Ich sah das als meine Aufgabe, Ruhe und Gelassenheit zu haben, wenn man zum Beispiel Löffelchen für Löffelchen in so ein Kind hineinschaufeln musste – weil es halt nicht anders essen konnte: nicht schneller und auch nicht so, dass die Ladung des Löffels wie selbstverständlich aufgenommen werden kann. Schon bald wurde ich immer gerufen, wenn solche Kinder gefüttert werden mussten, weil einige sich nur von mir füttern ließen. Ich habe mich immer gefragt: Was braucht dieses Kind? Und hab' einfach entsprechend agiert – aus dem Bauch heraus, aus heutiger Sicht völlig naiv.«

Längst gehört Frau Rodert zu meinen Vertrauten, bei denen ich ganz offen alles ansprechen kann, was mich interessiert. Zum Beispiel finde ich, dass nicht nur in Tinas Wohnheim viel zu wenig Personal ist (siehe Kapitel 7). Und die erfahrene Sozialpädagogin bestätigt, was mir diverse Eltern schon häufig erzählt haben. Aus Überforderungssituationen heraus werden behinderte Menschen relativ oft schlecht behandelt – ein Thema, das gerne tabuisiert wird. Es sei durchaus vorstellbar, dass man irgendwann mal einem Menschen mit Behinderung eine scheuert, weil man nicht mehr kann.

Natürlich frage ich, worauf Eltern bei der Wohnheimsuche besonders achten sollen. Erwartungsgemäß sieht Frau Rodert den Personalschlüssel an oberster Stelle.

»Er ist wichtig, aber andererseits auch nur eine Zahl. Man muss genau hinsehen, unter welchen Bedingungen gearbeitet wird. Daraus ergibt sich zum Beispiel die Frage, wie realistisch es ist, dass drei Mitarbeiter krank werden und die anderen in Urlaub fahren, weil sie ihn zu genau diesem Zeitpunkt gebucht haben. Eltern sollten also ruhig nachfragen, wie die Organisation läuft und welche Engpässe es in letzter Zeit gab. Muss zum Beispiel ein Mitarbeiter verstärkt in zwei Wohngruppen gleichzeitig arbeiten, weil zu wenig Betreuer vorhanden sind? Gibt es Langzeitkranke? Was berichten Eltern, deren Kind schon seit längerem dort lebt, über das betreffende Wohnheim?«

Frau Rodert weist auch auf die Gruppenzusammensetzung hin. Die Bewohner – es sind fast überall zwischen sechs und acht – müssten entweder gut durchmischt sein oder relativ homogen. Fatal sei es, wenn ein Bewohner völlig aus dem Rahmen falle und damit auf Dauer den Unmut der anderen auf sich ziehe beziehungsweise selbst ständigen Frustrationen ausgesetzt sei, weil seine Erwartungen nicht erfüllt würden.

Tinas Mitbewohner sind sehr unterschiedlich – und meine Tochter hatte schon diverse Anlässe, ihrer Frustration Ausdruck zu verleihen. Vor meinem inneren Auge räumt sie Porzellan und Gläser ab – auf ihre Weise: Alles liegt zerscheppert auf dem Boden. Und wenn Tina gerade danach ist, ergänzt sie das Arrangement mit Protestpinkeln oder einem *Wochenhaufen*, weil ihr irgendetwas absolut nicht passt. Protest kann ziemlich vielfältig ausfallen …

Ich frage mich, wie man als Pfleger mit einem solchen Verhalten überhaupt umgehen kann. Schon beim eigenen *besonderen* Kind finde ich die Pflege nicht gerade leicht, etwa wenn es sich ganz konkret darum handelt, die Wohnung und das Kind vom Kot zu befreien.

Warum tut sich das jemand an? Und dazu oftmals bei einem ziemlich überschaubaren Gehalt?[12]

Auch damit könne man professionellen Umgang erlernen, sagt Frau Rodert. Wenn man wolle. Ähnlich wie eine Kran-

---

12 Das Einstiegsgehalt eines Heilerziehungspflegers beträgt nach dreijähriger Ausbildung zwischen 1300 und 1700 Euro brutto, siehe http://www.ausbildung.de/berufe/heilerziehungspfleger/gehalt. Aus Kostengründen sind mittlerweile die Mehrzahl der in Wohnheimen Tätigen Heilerziehungspfleger. Sozialarbeiter wären deutlich teurer.

kenschwester oder ein Krankenpfleger, für die die Hygienetätigkeit auch zum Umgang mit den Patienten gehöre.

»Wenn man den Menschen akzeptiert, akzeptiert man auch seine Ausscheidungen. Ein frisch gebadeter, zufriedener Mensch, der entspannt ist und eine für ihn sehr schöne Badesession hatte, lässt vergessen, dass man vorher die Scheiße entfernt hat.«

Seit Jahren stelle ich fest, dass die Zahl der Menschen mit Behinderung zunimmt und die meisten Wohnheime über Jahre ausgebucht sind: Es gibt endlos lange Wartelisten. Meine Vermutung, dass diese Tatsache mit dem medizinischen Fortschritt zusammenhängt, wird bestätigt.

»Die Zahl der Menschen mit Down-Syndrom, von denen viele nicht besonders schwer behindert sind, nimmt durch die Legalisierung der Schwangerschaftsabbrüche rapide ab. Die Anzahl Schwerstmehrfachbehinderter nimmt aktuell weiter zu. In früheren Zeiten sind die besonders stark von Behinderung Betroffenen meist schon kurz nach der Geburt verstorben.«

Dass sich deshalb die Voraussetzungen für den Förder- und Pflegebereich ändern, liegt auf der Hand. Allerdings habe ich nicht den Eindruck, dass der Betreuungsschlüssel entsprechend angehoben wird.

Mein Fazit zu diesem Thema fällt leider bitter aus:

Eine Gesellschaft definiert sich unter anderem darüber, wie sie mit ihren schwächsten Mitgliedern umgeht. Das bedeutet auch, dass man einen Staat nach dem Bewusstsein der Bürger für die hier angesprochenen Themen bewertet. Wenn Menschen an der unteren Skala der Wirtschaftlichkeit lediglich mit dem Nötigsten versorgt werden, um ihr Überleben zu sichern – kann man solch eine Gesellschaft tatsächlich noch als Solidargemeinschaft bezeichnen?

14

SPIELEN, URLAUBEN UND FEIERN

Geht man die Kisten durch, die Tinas Spielzeug beherbergen, zeigt sich einmal mehr die große Zahl an Irrtümern, die das Leben parat hat. Zahllose Puzzles, eine Briobahn mit reichlich Zubehör, ein auf Knopfdruck flötender Papagei, Kuscheltiere, Bücher, Bälle und, und, und – eigentlich könnten wir einen Spielzeugladen aufmachen.

Die Wirklichkeit sieht so aus: Tina entfaltete zunächst jahrelang einen Zollstock, dann fächerte sie auf dem Fußboden gekonnt ein Blatt Rommé-Karten auf. Parallel dazu ordnete sie ein großes Schaumstoffpuzzle in Reihenfolge der Regenbogenfarben (siehe Kapitel 8) und belegte eine quadratische Platte mit Duplosteinen – immer komplett, bis nichts mehr von der Platte zu sehen war. Tina sortierte Magnetkugeln und -stäbe akkurat in Größe und Farbe, um sich letztendlich für einen Judogürtel zu entscheiden, der sie immer und überallhin begleitet. Zu Hause muss auch die bunte Plastikkugelbahn aufgebaut sein, die durch die vielen kleinen Metallkugeln, von denen Tina gerne eine Handvoll gleichzeitig in den Trichter wirft, einen Wahnsinnslärm verursacht.

Fakt ist: Tina mag nicht puzzlen, Stofftiere bedeuten ihr nichts, mit der Briobahn hat sie etwa im Alter von zwölf Jahren abgeschlossen – und wenn Tina mit etwas abschließt, dann gibt es kein Comeback. Auch nicht für den Zollstock, der jahrelang ihr Dasein begleitete.

Mein Eindruck ist, dass Menschen wie Tina nicht im eigentlichen Sinn spielen. Sobald sie sich für etwas entschieden haben, *benötigen* sie das Teil existenziell. Das, was man landläufig als Tick bezeichnet, nimmt das Objekt ein, was für andere ein Spielzeug unter vielen ist. Es ist, als würde es untrennbar mit ihrem Dasein verschmelzen.

So stellt sich immer wieder die Frage: Was fängt man mit jemandem an, der autistische Züge hat, um ihn aus seiner Manie herauszuholen? Wie kann man ihn für etwas Neues interessieren?

Als Eltern macht man sich überdies schnell ein schlechtes Gewissen, weil man sein Kind offensichtlich auch im Erwachsenenalter nicht zu angemessenem Spielen bewegen kann. »Angemessenes Spielen« bedeutet im Klartext: ein Spiel(zeug), was man landläufig als normal betrachtet. Ich habe mich oft bei Selbstvorwürfen ertappt: Das arme Kind ist über 20 und dreht immer nur diesen verdammten Judogürtel auf. Was habe ich falsch gemacht, dass es sich nicht für ein sinnvolles Spiel begeistert?

Eine professionelle Analyse hat mir geholfen. Eine Kinderpsychologin hat Tinas Spielverhalten beobachtet und ausgewertet. Tina verhält sich für jemanden mit autistischen Zügen völlig logisch: Alles, was sie macht, hat System. Ihr Gehirn entwickelt Ordnungsstrategien, also sortiert Tina entsprechend, was in den meisten Fällen nichts mit dem zu tun hat, wofür das Spiel(zeug) ursprünglich gedacht ist. Alle Teile, wie zum Beispiel die Magnetkugeln und -stäbe, liegen farblich und größenmäßig korrekt sortiert, was auch uns Laien (Nicht-Autisten) unmittelbar ins Auge fällt. Auf dem Magnetismus basierende Gebilde sind für Tina uninteressant. Da kann man ihr noch so oft vormachen, was man mit den Kugeln und Stäben alles bauen kann. Tina sortiert.

Die Duplos werden nicht etwa nach dem Zufallsprinzip angeordnet, sondern exakt so, dass keine freie Stelle mehr von der Platte zu sehen ist. Was für uns Spiel ist, ist für Tina Ordnen. So gesehen ist Ordnen, Strukturieren und Spielen für sie dasselbe. Und wehe, jemand verrückt eins der von ihr angeordneten Teile. Dann gebärdet sie sich wie wild – gerade so, als ginge es um ihr Leben. Sie kann eine gestörte Ordnung nicht ertragen. Es muss sich für sie ausnehmen, als würde jemand in unserem Haushalt sämtliche Schubladen ausräumen und anschließend alles wahllos wieder hineinwerfen.

Leute wie ich können getrost mit ihrer Selbstsabotage aufhören, also ihre verkappten Schuldkomplexe abschütteln, denn Menschen wie Tina ticken anders. Dabei fällt mir auf, dass ticken und Tick offenbar zusammengehören… Wenn man so will, sind Tinas jeweilige Ticks die Folge aus der Tatsache, dass sie eben anders tickt. Will man ihr eine Freude machen, muss man sich auf ihre spezielle Sicht der Dinge einstellen.

Was mag sie? Geräusche und Strukturen.

Hat man das erkannt, gibt es für Tina und Co. durchaus schöne, angenehme Tätigkeiten: Flaschen farblich sortiert in Glascontainer werfen – es knallt, und für jede Farbe gibt es einen eigenen Behälter. Ordnung muss sein. Herrlich!

Auch liebt sie es, Pfandflaschen aus Plastik im Supermarkt in die automatische Presse zu stopfen. Das Zerknautschen der Materie ist für sie purer Genuss und am Ende ist der Korb mit den Plastikflaschen leer.

So gesehen erscheint die Arbeit in der Werkstatt für Tina wie geschaffen: Beim Recyclen von CDs und DVDs muss auseinandergenommen und sortiert werden: beim Öffnen der CD/DVD-Hülle entsteht ein mürbes Plastikgeräusch, und die Zuordnung von unterschiedlichen Materialien in die passenden Kartons ist wohl ein Vorgang, der Tinas Vorlieben entgegenkommt.

Auch beim therapeutischen Reiten bieten die Abläufe ein hohes Maß an Struktur, hinter der das eigentliche Reiten eher zurücktritt. Rosis Erscheinen, Tinas Umkleiden, die Fahrt zur Koppel, das Aufzäumen, Willi an der Leine führen, Aufsteigen, Reiten, Absteigen, Füttern, Säubern usw. macht Tina Spaß, zumal die Reihenfolge logisch aufeinander aufbaut.

Festgelegte Abläufe geben Menschen wie Tina Sicherheit. Dann hat das Leben eine Struktur, nach der man sich richten kann. Wiederkehrende Rituale zeugen von Verlässlichkeit, vermitteln Sicherheit.

Das lenkt unseren Blick auch auf die Jahreszeiten mit ihren Festen. Die sind im Leben meiner besonderen Tochter ganz wichtig! An erster Stelle steht Weihnachten. Aber wie begeht man Heilig Abend mit der gesamten Familie, wenn die besondere Tochter in ihrer dreijährigen Nichte ein Spielzeug sieht, mit dem man machen kann, was man will? Tina und Lilly – das geht nicht nur nicht gut. Es kann für die Dreijährige echt gefährlich werden, denn Tina schreckt nicht davor zurück, Arme und Beine zu verdrehen oder ein kleines Kind wie ein Objekt herumzuwerfen. Also kein Familienfest mit allen? Aber Tina liebt dieses Fest, strahlt den Weihnachtsbaum an, mag Kerzenlicht, Geschenke auspacken – das raschelt so schön! – und vor allem das Ritual des Weihnachtsessens: Raclette.

Was also tun? Die Mitarbeiter im Wohnheim wissen Rat. Dort gibt es Heilig Abend im Anschluss an einen gebärdensprachlichen Gottesdienst nämlich ebenfalls ein richtiges Festmahl. Die nette Betreuerin beruhigt mich: »Tina liebt es, wenn Kerzen entzündet werden und Musik erklingt. Wie zu Sankt Martin springt sie sicherlich irgendwann unvermittelt auf, um die Kerzen auszupusten und sich zu freuen, dass man alle wieder anzündet. Also: Feiern Sie ruhig mit den übrigen Familienmitgliedern. Tina ist bestens bei uns aufgehoben.«

Lieb gemeint – aber ich bilde mir ein, dass dieses Familienfest für Tina wichtig ist. Und das findet nun mal bei uns zu Hause statt. Ehrlich gesagt, ist Tina unter Umständen das kleinere Problem. Das größere ist wohl ihre Mutter: Die hat nämlich verinnerlicht, dass ihre besondere Tochter dazugehört, und es macht sie so verflixt traurig, wenn Heilig Abend einer fehlt. Wie kann sie (mal wieder) den gordischen Knoten lösen, der ja bekanntlich für die Unüberwindbarkeit mit gewohnten Mitteln steht?

Gar nicht so schwierig: Man bedient sich eben ungewohnter Mittel, denkt um und feiert zweimal Heilig Abend – einmal mit Lilly und ohne Tina, einmal ohne Lilly und mit Tina. Dass alle übrigen Familienmitglieder zweimal Raclette essen und ihre Geschenke auspacken müssen, ist halt ihr besonderes Geschenk für Tina.

So wird es in diesem Jahr bereits zum dritten Mal statt des ersten Weihnachtstages einen doppelten Heilig Abend geben – mit verschlossener Türe, Spaziergang vor der jeweiligen Bescherung und allem Drum und Dran. Kalorien zählen wir ein andermal ...

15

STRIPTEASE AM KANAL

oder:
Warum habe ich nicht gründlicher
Gebärdensprache geübt?

Doch – es gibt ihn noch: den Bilderbuchsonntag. Er ist in unseren Breiten selten geworden. So sagt man jedenfalls. Der Klimawandel lässt grüßen.

Wir haben Juli. Es ist warm, der Himmel wolkenlos, ein laues Lüftchen sorgt für Wohlbefinden. Unser für das Tandem umgebaute Fahrradträger wird aufs Dach gewuchtet, dann laden wir unsere Räder auf, die Radl-taugliche, kleine Kühltasche mit Nudelsalat, Joghurt und Getränken ist gepackt. Tina hat schon ihren Helm gegriffen und lächelt. Radfahren hinter Papa ist der Hit.

Die Tour am Albert-Kanal im nahe gelegenen Belgien ist sehr zu empfehlen: Kilometerweit gut ausgebaute Radwege am Ufer entlang, die man auch mit einer nur für die Optik in die Pedale tretenden Tina schaffen kann, ein schöner Blick auf

Wasser und Landschaft, Wiesen fürs Picknick und Büsche, wenn man mal muss. Zum Glück ist der Uferweg für die vielen Spaziergänger und Radfahrer breit genug. Mit unserem uralten, metallic-grünen Tandem und der vor sich hin brummenden Tina, die quasi den akustischen Motor gibt, sind wir ein Hingucker.

Dann ist es Zeit für eine Pause.

Auf dem Damm breiten wir die Picknickdecke aus. Ein junges Bäumchen spendet filigranen Schatten. Tina hat immer noch ihre dünne Sweater-Jacke an – eine Vorsichtsmaßnahme wegen des Fahrtwinds und der Tatsache, dass sie sich nicht anstrengt beim Radfahren und auskühlen könnte. Jetzt aber ist es heiß und ich deute Tina: *Jacke ausziehen*. Denke ich jedenfalls.

Meine Tochter zieht also die Jacke aus, lässt sich auf die Picknickdecke plumpsen und zieht ihre Sandalen aus. Ich öffne die Kühltasche, da zieht Tina ihr Shirt aus. Ich gebärde *Stopp* und will ihr das Teil wieder über den Kopf ziehen. Tina reißt das Shirt an sich und wirft es die Böschung hinunter. Mein Mann spurtet hinterher, Tina findet das lustig und griemelt, und Papa bringt es zurück. »Tina – los – wieder anziehen!« Bei Tina läuft aber gerade ein anderes Programm: Da unten glitzert das Wasser, Mamas Gebärde hieß *ausziehen* (nur von »Jacke ausziehen« war keine Rede – äh – Gebärde), gleich gehen wir baden. Und zack – reißt sie sich den BH runter. Wir versuchen, sie wieder anzukleiden. Tina ist stark.

Sie ahnen, wie die Sache weitergeht. Wir sehen ein, dass wir mit unserem Nahkampf nicht nur keinen Erfolg haben, sondern dass unsere Bemühungen irgendwie aggressiv rüberkommen. Das will man natürlich auf keinen Fall: dass Leute denken, wir würden ein armes behindertes Kind misshandeln. Und es gibt bereits etliche Leute, die sehr genau beobachten, was da gerade abgeht. Tina wirft nämlich weiter ihre Klamotten durch die Gegend und steht in Sekundenschnelle nackt auf der Decke. Die Zuschauer glauben nicht, was sie da gerade geboten bekommen – jedenfalls steht das in ihren Gesichtern geschrieben. Und wir gebärden Tina wie wild, dass wir nicht schwimmen gehen, grinsen verlegen in die Menge und sind dankbar, dass uns hier keiner kennt.

Die ganze Situation ist skurril, grotesk und oberpeinlich. Wie meistens bei solchen schrägen Erlebnissen muss ich plötzlich fürchterlich lachen. Tina freut sich auch und wir nehmen beide auf der Decke Platz. Gnädig zieht sie den dargebotenen Slip an und streift sich nun ein Stück nach dem anderen wieder über. Wir können durchatmen, tun so, als wäre alles total normal, und zücken die mitgebrachten Gabeln, um über den Nudelsalat herzufallen. Es ist nach eins und wir haben Hunger.

Liebe Mitmenschen!

Seien Sie bitte empathisch. Sie sehen, dass wir erstens eine besondere Tochter haben, eine liebenswerte Person mit ureigenen Spielregeln. Und Sie ahnen vielleicht sogar, dass uns das Ganze, vorsichtig ausgedrückt, durchaus ein wenig unangenehm ist.

Bitte gehen Sie in Zukunft einfach Ihrer Wege und schauen gnädig weg.

Danke!

16

ETWAS BESSERES ALS DEN TOD FINDEST DU ÜBERALL

oder:
Das Leben ist schön, von einfach war nicht die Rede

Die Theologin Margot Käßmann sagte in einem Interview zum Thema *Tod*: »Jemand, der um den eigenen Tod weiß, nimmt bewusster wahr, dass das Leben eine sehr kostbare, geschenkte Zeit ist – und verplempert sie vielleicht weniger.«[13]

Tina wäre ohne die große Medizin spätestens am dritten Tag nach ihrer Geburt gestorben. Es war eine bedrohlich intensive Zeit, sie beim *Leben Lernen* zu begleiten – manchmal konnte man ihren Kampf kaum ertragen. Und es gab Zeiten, da hätte ich gegen ein frühzeitiges Ableben meinerseits, schmerzlos, versteht sich, nichts einzuwenden gehabt. Sorgen, Kummer, schlaflose Nächte und die Anstrengung,

---

13 2012 gab es in der ARD eine Themenwoche zum Tod.

wenn man sich rund um die Uhr um sein kaum lebensfähiges Kind kümmert, lassen solche Gedanken aufkommen. So etwas versteht man, glaube ich, unter lebensmüde, ganz wörtlich genommen: Ich war monatelang am Limit.

In meine düsteren Gedanken fiel der überaus kluge Satz des Esels (ausgerechnet!) aus den *Bremer Stadtmusikanten*: *Etwas Besseres als den Tod findest du überall.* Für *Tod* setzte ich *Trübsinn* ein. Wie den ausgemusterten Tieren aus dem Märchen überkam mich ein Gefühl von Vergeblichkeit. Gleichgültig, was und wie ich es anpackte – meine Bemühungen wären ja letztlich nutzlos, weil mein Kind niemals normal würde. Wie gut, dass sich dieses Tief verabschiedet hat und sich nur noch gelegentlich als Kuhle in Erinnerung bringt, wenn Tina wieder mal etwas angestellt hat oder die Situation im Wohnheim wegen der Fluktuation des Personals ärgerlich ist oder… Anlässe gibt es reichlich. Aber Tina ist gesund und munter und ich habe allen Grund, das Leben zu lieben, das bekanntlich schön ist – aber eben nicht unbedingt einfach.

Ob der Gedanke an den Tod lieber Menschen schlimmer sei als das eigene Sterben, wurde Frau Käßmann gefragt.

Sie antwortete: »Ich denke, dass ein Wort der Dichterin Mascha Kaléko auch für mich gilt. Sie sagt: Den eigenen Tod, den stirbt man nur, den Tod der anderen muss man leben. Das ist sehr wahr. Mit meinem eigenen Tod kann ich umgehen, ich kann mir sagen, dass ich ein gutes Leben hatte, und dankbar zurückblicken. Aber liebste Menschen zu verlieren, das tut unendlich weh – und das kann niemand kleinreden. Ich habe mehr Angst vor dem Tod der Menschen, die ich liebe, als vor meinem eigenen.«[14]

---

14 Ebd.

Bevor Tina in mein Leben trat, habe ich wie Frau Käßmann gedacht. Ich werde sterben – hoffentlich sanft. Gerne würde ich mich vorher von meinen Lieben verabschieden und ihnen sagen, dass sie fröhlich auf unser gemeinsames Leben zurückblicken sollen. Dass sie Kummer haben dürfen, aber bitte nicht zu lange und nicht so heftig, weil es mir doch gut geht, wahrscheinlich sogar besser als jetzt, wo ich alt und krank bin.

Aber – und nun schließt sich der Kreis – wie verabschiede ich mich von Tina, für die ich so unglaublich wichtig bin? Oder bilde ich mir das nur ein? Bin ich eine überhebliche Mutter, die ihrem Kind nicht zutraut, mit Verlust fertig zu werden? Die nicht loslassen kann?

Nein. Der Gedanke wäre beruhigend, aber er trifft nicht zu.

Neben Tinas Zimmertüre hängt ein Plastikkästchen, in dem täglich Bildmaterial gepostet wird, damit Tina weiß, was für den jeweiligen Tag an Besonderem geplant ist. Sie kann auch ihrerseits Bilder in das Kästchen stecken, um zu zeigen, was sie gerne möchte. Die Betreuer sagen, dass bisher ausschließlich und allzu oft mein Foto dort zu finden sei…

Aber warum habe ich so wenig Vertrauen in meine besondere Tochter? Sie hat doch schon so einiges weggesteckt – dauernde Wechsel in der endlosen Betreuerriege des Wohnheims, den Abschied von ihrer geliebten Schule. Die Tatsache, dass ihre beiden Schwestern zeitweilig ein intensives Leben mit wenig Muße für die besondere Schwester führen und sie trotzdem sehr lieb haben, was z. B. unsere Wahnsinnsweihnachtsfeiern zeigen. Sie ist dem Tod des lebensunfähigen Frühchens von der Schippe gesprungen und hat sich aufs Leben eingelassen mit allem, was sie drauf hat und was sie auszeichnet.

Ach Tina – du schaffst das auch ohne mich!

Du hast schon jetzt so viel Frustrationstoleranz entwickelt, wie ich es dir niemals zugetraut hätte.

Du bist ganz schön flexibel geworden, wenn ich daran denke, dass du jahrelang keine fremden Häuser betreten hast. Das schaffst du inzwischen recht gut, warst neulich erst bei einem dir bislang fremden Zahnarzt in einem dir unbekannten Haus. Du warst super! Hast dich sogar auf Ansätze zur Hypnose eingelassen. Vielleicht klappt das ja immer besser und du brauchst keine Narkose mehr.

Du hast einen sehr speziellen Charme. Vor allem, wenn du mutig jemandem das Ende deines Judogürtels in die Hand drückst, damit er mit dir Kontakt aufnimmt. Eine geniale Idee, wie man jemanden *einwickeln* kann. Das hast du echt drauf. Ich habe noch nie erlebt, dass jemand dein Judogürtelangebot ausgeschlagen hat. Es darf allerdings auch nicht jeder mit dir Judogürtel drehen. Du wählst immer sorgfältig aus! Da ist es dumm von mir, zu glauben, du würdest an die falschen Leute geraten. Deine emotionalen Antennen sind Legende...

Ich habe absolut kein Recht, mir zu wünschen, dass wir beide zusammen sterben. Im Gegenteil. Ich möchte lernen, mich zu freuen, dass du ein normales Alter erreichen kannst und dich behaupten wirst. Du wirst mich vermissen – das wohl. Aber bestimmt hast du bis dahin Freunde gefunden, die dir wichtig sind. Dein Kummer wird abnehmen – kannst sicher sein.

Und – wie gesagt – wenn's mal dicke kommt: Deine große und deine kleine-große Schwester werden immer für dich da sein.

Du kannst dich auf sie verlassen.

17

SCHATTENKINDER

Die große und die kleine-große Schwester

Deine große und deine kleine-große Schwester werden immer für dich da sein.

Als ich diesen Satz schrieb, überkam mich eine heftige Rührung, gepaart mit Rabenmuttergefühlen vergangener Jahre. Man kann noch so sehr behaupten, dass ein besonderes Kind nun mal ein Familienschicksal ist, dass man sich *natürlich* genauso um die anderen Kids gekümmert hat, dass sich andere Menschen, zum Beispiel in Krisengebieten, die es zehnmal schlimmer getroffen hat als jemanden wie mich, noch weniger um ihre Kinder kümmern können – Ihnen werden sicher noch eine ganze Menge plausibler Begründungen einfallen, die uns betroffene Eltern entlasten. Aber Fakt ist, dass die normalen Kinder im Schatten ihres behinderten Bruders, ihrer besonderen Schwester stehen.

Natürlich sind wir *keine* Rabeneltern, denn wir sind überglücklich, dass es in unserer Familie außer Tina zwei kerngesunde, kluge, wunderschöne Töchter gibt. Sensible Mädchen, die hohe Empathie haben, für die »Verantwortung« kein Fremdwort ist, die allerbeste Leistungen erbringen und als Freundinnen überaus gefragt sind. Soziale Mitmenschen, die man nicht so leicht aus der Ruhe bringen kann – denn sie sind so einiges gewohnt.

Sie haben gelernt zu funktionieren.

Eine bittere Wahrheit. Die Älteste war sieben, als Wunschkind Tina in unser Leben hereinschneite und die Weiche in eine Richtung stellte, mit der ich auch in meinen kühnsten Träumen nicht gerechnet hatte.

Tina war zwei, als sich noch ein Kindchen zu uns gesellen wollte – welch ein Geschenk nach dem ganzen Kummer um das besondere Kind! Die Unsicherheit, wie das Zusammenleben mit behindertem Kleinkind und den zahlreichen Therapien zusammen mit dem neuerlichen Baby zu schaffen sein würde, schob ich über den Gedankenrand. *Wird schon gehen*, sagte ich mir und ahnte anfangs noch nicht, dass ich den großen Therapieaufwand ohne den vollen Einsatz der großen Schwester gar nicht hätte bewältigen können.

Schon während des Krankenhausaufenthalts – nach Kaiserschnitt Nummer drei für elf Tage ein Muss – habe ich die Kleine immer bei mir gehabt. »Hat das Kind kein eigenes Bettchen?«, fragte damals der Chefarzt und zwinkerte mir zu, denn er hatte auch die beiden anderen Kinder geholt und erinnerte sich gut daran, wie ich vor zwei Jahren mit der leeren Babytasche nach Hause ging, weil Tinas kleines Leben am seidenen Faden hing und sie verkabelt, also mit Magensonde, Tropf und EKG auf der Frühchen-Intensivstation lag. Als dann die kleine Schwester geboren war, habe ich besagten Arzt nur selig angelächelt und meine Kleine weiterhin auf den noch sehr schmerzvollen Bauch platziert, um mich herum die

Aura der glücklichen Glucke: Seht her – ich habe auch noch ein gesundes Kind »fertiggebracht«. Und dieses Kind ist mein Ein und Alles.

Trotzdem: Wie von selbst schleicht sich für die gesunden Kinder ein Dasein im Schatten des besonderen Kindes ein, was ganz wörtlich zu nehmen ist: Sie stehen im Schatten des Geschwisterkindes, das den größten Teil an Aufmerksamkeit auf sich zieht, und bekommen zwangsläufig deutlich weniger ab als Kinder in Familien ohne ein behindertes Kind. Besondere Kinder wie Tina sind – auch wenn das jetzt hart klingt – die reinsten Zeitfresser. Sie werden später selbstständig und das oftmals in geringerem Maße. Sie lernen spät laufen, wenn sie es überhaupt lernen.

Sie haben jede Menge therapeutischer Maßnahmen nötig, wobei ich als nunmehr erfahrene Tina-Mom eher zu dem Schluss komme, dass vieles, was ich für Tinas Weiterkommen unternommen habe, eher den Zweck der Eigentherapie hatte: Alle mal hersehen, was ich alles mit meinem besonderen Kind anstelle, damit es so normal wie irgend möglich wird! Fehlanzeige. Tina hat mir die Grenzen des Machbaren nur allzu deutlich aufgezeigt und heute würde ich sagen: Ich hätte ruhig mehr Zeit in die beiden anderen investieren können – es hätte an Tinas So-Sein nichts geändert und die beiden anderen Mädchen wären vielleicht öfter mal aus dem Schatten ihrer behinderten Schwester hervorgetreten. Hinterher ist man immer schlauer!

So aber mussten Tinas Schwestern sehr, sehr oft zurückstecken und müssen es gelegentlich noch heute, weil ich am Wochenende eben *nicht* auf das Enkelkind aufpassen kann, denn ich muss zu Tina – ehrlich gesagt, ich *will* zu ihr, weil ich weiß, dass sie im Wohnheim nicht viel Abwechslung hat, weil sie auf mich wartet, weil sie in ihrem Zimmer den Rollladen herunterlässt und sich unter die Bettdecke verkriecht, wenn ich nicht komme. Und – ganz wichtig! –, weil sie mir fehlt.

Während unsere älteste Tochter sieben unbeschwerte Jahre mit ihren Eltern verbringen konnte, wozu Abenteuerurlaub in Schweden und Dänemark, Spaßbad, Kino, Zirkus und viele Besuche gehören, hat unsere jüngste Tochter in ihrem Kleinkindalltag im Wesentlichen therapeutische Einrichtungen kennengelernt. Durch die vielen Förderprogramme wurde sie zwar früh motorisch und sensitiv fit – von Babyschwimmen über Ergotherapie, Airtramp, Snoezelraum, Logopädie bis Physiotherapie in allen Varianten hat sie alles mitgemacht –, aber die eigenen kindlichen Wünsche standen organisatorisch immer an zweiter Stelle.

Wie oft habe ich meine Kleine vertrösten müssen, dass ich gerade *jetzt* keine Zeit für sie habe, weil Tina meinen ganzen Einsatz brauchte. Schon, damit die Wohnung nicht verwüstet wurde, weil Tina genau in *diesem* Moment ihre Lust auf klirrendes Glas an wehrlosen Flaschen befriedigte, die sie eigens in die Küche schleppte, weil sie diesen fantastischen Knall beim Zerbersten auf den Fliesen so liebt. Von dieser Art Inszenierung hatte Tina etliche Spielarten auf Lager, die durchaus steigerungsfähig waren. Erwähnenswert ist beispielsweise das ungeheuer umfangreiche Produkt ihrer Verdauung, bei der man unwillkürlich an die Exkremente eines Grizzlys denken muss. Sie entledigte sich dieses kapitalen Haufens nur einmal wöchentlich, gerne klammheimlich im Treppenhaus, auf dem Sofa oder in ihrem Zimmer. Dann hatten die Eltern richtig lange mit der Entsorgung und dem Einweichprogramm – Tina erst duschen, dann ausführlich baden – zu tun und die kleine Schwester hatte mal wieder das Nachsehen, denn der gesamte Ablauf fraß gerne zwei bis drei Stunden.

Schattenkinder sind besonders sensibel und hellhörig, denn wir Eltern sind kaum in der Lage, unsere Sorgen und Nöte vor ihnen zu verheimlichen. Ihnen fehlt ein gutes Stück Unbeschwertheit. Und das jüngere Geschwisterkind hat keine Chance auf die Rolle des Nesthäkchens, denn die ist schon besetzt. Dabei stünde ihr diese wunderbare Rolle doch zu. Wenigstens für eine kurze Zeit.

Schattenkinder sind sozial. Sie werden Sozialpädagogen, Sonderpädagogen, Psychologen, Therapeuten. Und sie müssen richtig daran arbeiten, dass ihre Eltern ihnen nicht nur zu Wurzeln verhelfen, wenn sie klein sind, sondern dass ihnen Flügel wachsen dürfen und ihre Eltern sie also nicht in Watte packen, damit ja nichts dran kommt – denn *ein* besonderes Kind ist genug.

Ich erinnere mich daran, dass Tinas kleine Schwester fragte, wann Tina denn endlich redete. Oft habe ich gesagt: »Das lernt sie noch.« Damals ahnte ich noch nicht, wie stark meine besondere Tochter durch das Down-Syndrom in ihrer Entwicklung eingeschränkt ist und dass Sprache für sie aufgrund des Autismus eine noch größere Herausforderung werden würde und Tina letztlich keine Chance hat, sich mit Sprache zu verständigen. Klar, dass meine Jüngste für sich entschieden hatte, dass Tina eben für alles länger brauchen würde – als ob ihren Plänen, die sie mit der besonderen Schwester hatte, dann nichts mehr im Weg gestanden hätte.

Vermutlich denken viele kleinere Geschwisterkinder so. Vielleicht fragen sie ihre Eltern auch, wann es mit dem gemeinsamen Herumtoben, Fahrradfahren, Schwimmen endlich los geht. So wie Max, dessen Geschichte ich den tollen Menschen widmen möchte, die ein besonderes Geschwisterkind haben: Nämlich euch *Schattenkindern...*

DELFINENNACHT

Max' große Schwester heißt *Lisa-kreuz-und-quer*. Nur beim Therapieschwimmen ist sie nicht so krumm und kreischt manchmal vor Freude. Delfintherapie in Florida wäre genau das richtige, sagt die Therapeutin.

Beim Mittagessen liegt Lisa auf ihrem Wagenbett neben dem Tisch. Mama füttert sie.

»Wird Lisa gerade, wenn sie auf'm Delfin reitet? Und kann sie dann was sagen und alleine essen?«

»Ach Mäxchen.« Papa lächelt. »Sie entspannt sich und ist dann viel glücklicher.«

»Ich will auch entspannen«, sagt Max.

Er findet, dass sich der Aufwand für seine Schwester nicht lohnt. Was wäre, wenn sie runter rutscht? So ein Delfinrücken ist glitschig. Dann würde seine Schwester ertrinken. Wie viel Zeit Mama und Papa dann plötzlich hätten. Zeit für ihn.

Die Familie fällt natürlich auf. Wer schiebt schon so einen riesigen Kinderwagen durch ein Flughafengebäude mit einer *Lisa-kreuz-und-quer* drauf? Drei Reihen haben sie im Flugzeug dafür abgebaut.

In Florida ist es heiß. Ein Bus bringt sie zum Therapiezentrum. Sie ziehen in einen Ferienbungalow, nur ein kleines Stück neben der Anlage mit den Delfinen.

Eine Therapeutin holt sie ab. Neben dem Delfinbecken stopfen sie *Lisa-kreuz-und-quer* in einen Surfanzug. Lisa schreit, dass Max denkt, sie müsse gleich sterben.

Die Therapeutin pfeift und ein Delfin kommt heran. »Das ist Jack Sparrow. Jack, sag dem Jungen *Guten Tag*.«

Der Delfin stellt sich auf die Hinterflosse und lacht Max ins Gesicht. Max sagt: »Hallo Jack.«

Jetzt hopst die Therapeutin ins Wasser zu einem Mann. Zusammen nehmen sie *Lisa-kreuz-und-quer* in Empfang. Jack rudert heran und stupst das Mädchen an die Schulter. Er macht einen merkwürdigen Pfeifton. Lisa auch. Jetzt spritzt er sie nass. Max lauscht. Hat seine Schwester gerade gelacht?

Lisa wird aus dem Becken gehievt und auf eine Matte gelegt. Jack bekommt zwei Fische.

Max fasst ins Wasser und ruft: »Hey, Jack Sparrow!«

»Sag nie wieder diesen albernen Namen.«

Max starrt den großen Fisch an.

»In echt heiß' ich Poseidon. Bitte, stoß da vorne den Eimer um«, flötet Poseidon.

Max tut ihm den Gefallen. Das Wasser mit den Belohnungsfischen fließt ins Becken.

»Danke, Junge.« Poseidon mampft die Fische. »Komm um Mitternacht her und bring eine Stoppuhr mit. Heute findet das jährliche Zeitschwimmen statt.«

Max nickt.

Der Vater schnarcht. Max steht leise auf, nimmt Papas Uhr vom Nachttisch und schleicht zurück in sein Zimmer. Er klettert aus dem Fenster. Der Halbmond spiegelt sich im Wasser. Poseidon empfängt ihn am Beckenrand.

»Hier. Ich hab' die Stoppuhr dabei.« Max hält die Armbanduhr hoch.

»Dachte mir, dass du der Richtige bist«, flötet der Fisch. »Nun musst du den Schlüssel für das große Tor holen.« Er zeigt mit seiner langen Schnauze Richtung Badehaus. »Die Tür ist zu, aber das Fenster an der Seite ist nur angelehnt.«

Da tauchen auch die beiden anderen Delfine auf.

»Hermes«, fistelt einer und stellt sich auf seine große Schwanzflosse. »Die Futterfischwerfer hängen den Schlüssel immer neben die Tür.«

»Neben die Tür«, flötet der dritte Delfin.

»Darf ich vorstellen? Das ist Magnus«, sagt Poseidon. »Magnus, das ist Max.«

Max verbeugt sich.

Dann rennt er los. Er stößt das Fenster auf und zieht sich hoch. Mit Papas Handy macht er im Badehaus Licht. Viele Surfanzüge hängen an langen Stangen. Neben der Tür ist der große Schlüsselbund. Er nimmt ihn und einen Anzug. Er flitzt zurück, wirft den Nassmann aus dem Fenster, den fetten Schlüsselbund hinterher, springt hinaus und läuft ans Becken.

»Hier!« Er präsentiert seine Beute.

Poseidon springt hoch. »Mit dem größten musst du das Tor zum Meer aufschließen.«

Max rennt um das Becken herum. Das Schloss klemmt.

»Steck den langen dünnen Schlüssel durch das Loch von dem Torschlüssel.«

»Ah ja. Hebelwirkung!« Max hängt fast an dem dünnen Metall, als das Schloss nachgibt. Er stößt das riesige Tor auf. Plötzlich fliegt ein großer Fisch an seinem Kopf vorbei und platscht ins offene Meer.

»Zum Aufsteigen nimmst du den Weg zur Felsenbucht. Ich warte dort.« Poseidon weist mit dem Maul die Richtung. »Gleich ist es Schlag Zwölf. Los! Hol deine Schwester.« Mit einem mächtigen Sprung folgt er Hermes. Als dritter springt Magnus in die Freiheit.

Max hastet zurück. Wie sollte er *Lisa-Kreuz-und-quer* bis hierher schleppen? Er klettert ins Haus und schleicht in Lisas Zimmer. Sie sieht ihn an, als hätte sie auf ihn gewartet. Er macht Papas Uhr an ihrem Arm fest. Lisa scheint schwerelos zu sein, als er sie wie eine Puppe auf den Arm nimmt. Lautlos springt die Tür auf. Er geht mit seiner Schwester mitten hinein ins Mondlicht. Es ist so hell, dass er leicht mit Lisa den Fels hinunterklettern kann. Aber wo ist Poseidon?

»Ich konnte nicht anders. Ich musste erst ein Stück hinaus schwimmen«, pfeift es plötzlich vor ihm. »Los. Zieh deiner Schwester den Anzug an.«

Den Nassmann hat er ja ganz vergessen. Er legt Lisa ab und rennt zurück. Sekundenschnell ist er wieder da und streift Lisa den Anzug über.

»Haltet bloß still und kein Frohlocken, wenn ihr gleich auf meinem Rücken sitzt, sonst muss ich springen vor Glück. Das wäre für euch ganz übel.«

Poseidon schwimmt genau vor die Felsplatte und hält still. Max streckt ein Bein aus, dann lässt er sich hinab gleiten. Wow! Er sitzt auf einem Delfin. »Los, Lisa, jetzt du.« Er beugt sich zu seiner Schwester und zieht sie heran. »Geht ja ganz einfach.«

»Was hast du denn gedacht?«, sagt Lisa. »Umarm mich von hinten, dann bist du vorne warm.«

»Willkommen im Golf von Mexiko«, flötet Poseidon. Als Lisa die Rückenflosse packt, schwimmt er los.

Für Max ist sofort klar, dass er nichts anderes mehr machen will, als auf einem Delfin ins Meer hinaus zu schwimmen. Zusammen mit Lisa. Beinahe hätte er Juchhu gebrüllt, aber als er den Mund öffnet, herrscht ihn Magnus von der Seite an: »Klappe zu oder er springt.«

Plötzlich tauchen dunkle Flecken im Wasser auf. Mit einem Mal geht ein Springen und Pfeifen los, dass den Kindern die Ohren sausen.

»Die Familie«, flötet Poseidon und hält an. Es wimmelt von Delfinen. Doch – was ist das? Nie im Leben ein Delfin …

»Poseidon«, schreit Lisa, »was macht der Hai da? Wehe, meinem kleinen Bruder passiert was.«

»Oh – tja – wir betreiben Inklusion.«

Der Hai hat die Geschwister schon im Visier. Panisch zieht Max die Füße hoch.

»Ihr betreibt was?«

»Äh – wir versuchen, andere Arten in unsere Familie aufzunehmen. Außerdem fehlt ihm ein Stück an der Flosse. Eigentlich kein Problem, oder?«

Lisa starrt auf den Hai.

»Mars! Halt gefälligst Abstand, ja?« Wie freundlich Poseidon spricht.

»Wieso?«, lispelt der Hai und peitscht mit seiner halben Flosse die Wellen.

»Das weißt du ganz genau«, lacht Poseidon. »Bei deinen Fressgewohnheiten.«

»Ich hab schon gegessen.« Mars öffnet das Maul. Vor Schreck fällt Max beinahe von Poseidons Rücken.

Hermes ist neben ihnen. »Können wir?« Und als hätten sie sich abgesprochen, taucht auf der anderen Seite Magnus auf.

»Max. Immer wenn zehn von uns nebeneinander antreten, gibst du das Startkommando. Sie müssen dann bis zur Boje.«

Hermes deutet mit seinem Maul irgendwo in die Ferne. »Wer als erster wieder hier ankommt, dessen Zeit musst du stoppen, Lisa.«

»Alles paletti«, sagen Max und Lisa gleichzeitig.

Die ersten zehn reihen sich auf. Max schreit: »Auf die Plätze, fertig, los«, und Lisa drückt das Starträdchen an Papas Uhr. Die großen Fische zischen los, als hätte man Außenborder gezündet. Pfeilschnell rasen sie wieder heran – genau auf die Kinder zu. Der erste erhebt sich aus dem Wasser und macht einen herrlichen Sprung. Lisa drückt auf Stopp und verkündet die Zeit.

So startet eine Staffel nach der anderen. Der erste springt immer über die Geschwister hinweg.

Da passiert es.

Der zweite kann nicht ausweichen, streift Max und reißt ihn von Poseidons Rücken. In hohem Bogen fliegt er ins Meer, sieht noch, wie Mars auf ihn zufegt. Dann wird es kalt und dunkel. Die Augen hat er geschlossen, als ihn etwas um Bauch und Rücken fasst, das sich wie Stacheldraht anfühlt. Er wird an die Oberfläche gehoben und schnappt nach Luft. Der Stacheldraht löst sich von seinem Leib, er öffnet einen Spalt die Augen und sieht, wie sich der glatte Rücken Poseidons unter ihn schiebt. Lisa zieht ihn hoch.

»Du musst ihn gut festhalten, Lady Lisa«, lispelt Mars. »Sonst muss ich ihn wieder schnappen. Ich pieks leider. Mein Gebiss, weißt du?«

»Nee, is klar.« Lisa packt ihren kleinen Bruder vor sich auf den glatten Rücken und schlingt die Arme fest um seine Brust.

»Tut mir echt leid«, säuselt eine Stimme. »War so in Schwung. Aber ist ja nix passiert.« Der Delfin, der Max heruntergerissen hat, guckt ihn groß an.

»Keine Sorge. Ich halte ihn superfest«, sagt Lisa.

»Noch eine Staffel«, lispelt Mars und bringt sich in Position.

Lisa schreit: »Auf die Plätze, fertig, los!« und setzt die Stoppuhr in Gang.

Nach wenigen Sekunden sind die letzten durch und sie haben den Sieger.

»Wir sollten dann mal«, sagt Poseidon.

»Macht's gut, Max und Lady Lisa.« Mars sieht sie mit seinem Haifischgrinsen an.

»Ein voller Erfolg«, prustet Hermes.

»Morgen kommen wir wieder«, ruft Lisa.

»Immer um Mitternacht«, flötet Magnus.

Die Kinder rennen los.

Genau um eins liegen sie in ihren Betten.

ZUM AKTUELLEN STATUS QUO

- Tina schlägt sich auch zwei Jahre später nicht und die Ohren bleiben unauffällig.

- Auch in diesem Jahr feiern wir zweimal Heilig Abend.

- Tinas Tandem ist inzwischen zu einem E-Tandem umgebaut. Papa ist erleichtert und wir können längere Touren und steilere Wege schaffen.

- Und es gibt es doch: außergewöhnliches Spielzeug für außergewöhnliche Menschen. Rosi hat einen entsprechenden Versand entdeckt und Tina zum Geburtstag das ultimative Teil geschenkt: einen Riesenplüschschuh, in dem ein Motörchen dafür sorgt, dass der Schuh innen vibriert. Man steckt den Fuß/die Füße rein, drückt auf einen großen Bedienungsbutton und es kribbelt wundervoll.

- Kaum zu glauben, aber wahr: Tina benötigt in der Gastronomie kein unkaputtbares Geschirr mehr. Sie isst vom Porzellanteller und trinkt aus einem ganz gewöhnlichen Glas. Alles ohne Geschepper und scherbenfrei. Ab und zu gibt's halt ein Wunder – extra für mich…

- Wegen wahnsinniger Nachbarn (das ist wörtlich zu nehmen! Vermutlich die Folge von Tablettensucht oder ähnlichem), die sich zu unfassbarer Bosheit aufgeschwungen und uns das Leben zur Hölle gemacht haben, sind wir schweren Herzens aus unserem sehr schönen Haus geflüchtet. Wie wird Tina es verkraften, dass es *ihr* Zuhause nicht mehr gibt? Wir haben es noch nicht gewagt, sie mit der neuen Situation zu konfrontieren, und besuchen sie ausschließlich im Wohnheim. Ich setze voll auf Rosi. Ihr wird in ihrer wunderbaren »authentischen Gelassenheit« das Passende einfallen.

- Ich würde ernsthaft sehr gerne ein Erwachsenenbuch für besondere Mitmenschen machen (siehe Kapitel 12). Titel: *Tina reitet*. Es besteht aus Fotos, Zwei- bis Dreiwortsätzen und Gebärdengrafiken. Und es ist frei von niedlichem Schnickschnack. Band 2: *Tina wohnt*. Hier gäbe es neben Bildern aus Tinas persönlicher Lebenswelt Fotos vom Sommerfest, von der Weihnachtsfeier, von einem Tagesausflug. Band 3: *Tina isst*. In diesem Buch stelle ich mir den kulinarischen Tagesablauf vor: Das Frühstück im Wohnheim, dann in der Werkstatt, Mittagstisch im sonntäglichen Wohnheim und in der Werkstatt unter der Woche, vielleicht auch in den Ferien in ungewohnter Umgebung, beim Picknick, das Abendbuffet – und dazu ein paar sehr einfach gehaltene Rezepte.

Nochmals die Bitte an Sie, liebe Leserinnen und Leser: Wenn Sie eine Umsetzungsidee haben, lassen Sie es mich wissen. Über meine Website ***www.doromay.de*** können Sie Kontakt mit mir aufnehmen.

- Weiterhin beobachte ich die Inklusionsbestimmungen und ihre Umsetzung. Die Zeitungen berichten immer öfter von Problemen. Nach wie vor werden wegen der Inklusion keine neuen (»vollstationären« – ich mag das Wort nicht, denn es erinnert an Krankenhaus) Wohnheime für Menschen wie Tina gebaut.

DANKE MÖCHTE ICH SAGEN ...

- Rosi für ihre Erklärung der authentischen Gelassenheit

- Frau Rodert und Herrn Tilling für ihre Gesprächsbereitschaft

- Sonja und Susanne, meinen wunderbaren »Schattenkindern«, dass sie immer für Tina und mich da sind

- Mick, weil er ein wunderbarer Tina-Vater ist (nicht nur – auch für die beiden anderen!) und weil er mich schreiben lässt, wann immer ich möchte

- Maria Löhe für ihre überaus freundliche Art, mit mir über das Manuskript zu kommunizieren

- David Neufeld für das kompetente Lektorat, das mich weitergebracht hat – stellenweise auch in der Sicht der Dinge. Und – klar – danke, dass meine »Geschichte« im Neufeld Verlag ihr Zuhause gefunden hat

BUCHHINWEIS

NEUFELD VERLAG

Sabine Zinkernagel
Wer nur auf die Löcher starrt, verpasst den Käse
Aus dem Leben mit zwei besonderen Kindern

Was, wenn unser Leben plötzlich ganz anders verläuft als gedacht? Als der Frauenarzt ihr eröffnet, dass auch ihr zweites Kind behindert ist, bricht für Sabine Zinkernagel die Welt zusammen.

Dreht sich ihr Leben nun nur noch um die Defizite ihrer Söhne? Erst allmählich und mit Hilfe von außen entdeckt sie die starken Seiten ihrer beiden besonderen Kinder.

In kurzen Texten beschreibt sie Höhen und Tiefen ihres Familienlebens, Schwieriges und Ermutigendes. Und sie schildert ihr ganz persönliches Ringen um neues Vertrauen in Gott.

158 Seiten, gebunden, mit Geschenkkarte
ISBN 978-3-86256-027-1, 2. Auflage 2013
E-Book: ISBN 978-3-86256-702-7

www.neufeld-verlag.de ♥ www.neufeld-verlag.ch

Füreinander da sein
In die Zukunft wirken

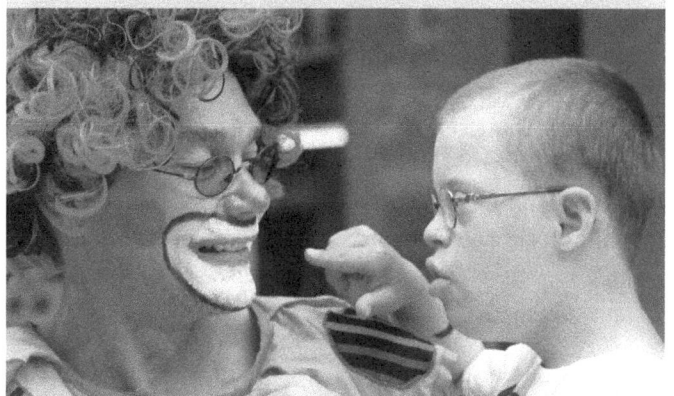

Sie haben ein geistig oder mehrfach behindertes Kind? Sie möchten mehr über Menschen mit geistiger Behinderung erfahren?

Die Lebenshilfe ist die größte Eltern- und Selbsthilfevereinigung für Menschen mit geistiger Behinderung in Deutschland. Über 500 lokale Lebenshilfe-Vereinigungen machen Angebote für 170.000 behinderte Menschen.

Informieren Sie sich unter www.lebenshilfe.de oder wenden Sie sich bei weiteren Fragen an:

Bundesvereinigung Lebenshilfe e.V.
Raiffeisenstraße 18, 35043 Marburg
Tel.: 0 64 21/4 91-0 oder
bundesvereinigung@lebenshilfe.de

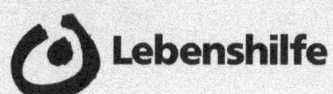

NEUFELD VERLAG

*Der **Neufeld Verlag** ist ein unabhängiger, inhabergeführter Verlag mit einem ambitionierten Programm. Wir möchten bewegen, inspirieren und unterhalten.*

Stellen Sie sich eine Welt vor, in der jeder willkommen ist!

Das wär's, oder? Am Ende sehnen wir alle uns danach, willkommen zu sein. Die gute Nachricht: Bei Gott bin ich willkommen. Und zwar so, wie ich bin. Die Bibel ist voll von Geschichten und Bildern darüber, dass Gott uns mit offenen Armen erwartet. Und dass er nur Gutes mit uns im Sinn hat.

Als Verlag möchten wir dazu beitragen, dass Menschen genau das erleben: *Bei Gott bin ich willkommen.*

Unser Slogan hat eine zweite Bedeutung: Wir haben ein Faible für außergewöhnliche Menschen, für Menschen mit Handicap. Denn wir erleben, dass sie unser Leben, unsere Gesellschaft bereichern. Sie haben uns etwas zu sagen und zu geben.

Deswegen setzen wir uns dafür ein, Menschen mit Behinderung willkommen zu heißen.

*Folgen Sie uns auch
auf www.facebook.com/NeufeldVerlag und in unserem
Blog unter www.neufeld-verlag.de/blog!*